幼儿园环境创设
（第2版）

主　编　金晓梅

北京理工大学出版社
BEIJING INSTITUTE OF TECHNOLOGY PRESS

版权专有　侵权必究

图书在版编目（CIP）数据

幼儿园环境创设 / 金晓梅主编 . —2 版 . —北京：北京理工大学出版社，2019.11（2021.1 重印）

ISBN 978-7-5682-7886-7

Ⅰ．①幼… Ⅱ．①金… Ⅲ．①幼儿园－环境设计－幼儿师范学校－教材 Ⅳ．① G617

中国版本图书馆 CIP 数据核字（2019）第 253472 号

出版发行 / 北京理工大学出版社有限责任公司
社　　址 / 北京市海淀区中关村南大街 5 号
邮　　编 / 100081
电　　话 /（010）68914775（总编室）
　　　　　（010）82562903（教材售后服务热线）
　　　　　（010）68948351（其他图书服务热线）
网　　址 / http：//www.bitpress.com.cn
经　　销 / 全国各地新华书店
印　　刷 / 定州市新华印刷有限公司
开　　本 / 787 毫米 ×1092 毫米　1/16
印　　张 / 16
字　　数 / 356 千字
版　　次 / 2019 年 11 月第 2 版　2021 年 1 月第 2 次印刷
定　　价 / 43.50 元

责任编辑 / 张荣君
文案编辑 / 张荣君
责任校对 / 周瑞红
责任印制 / 边心超

图书出现印装质量问题，请拨打售后服务热线，本社负责调换

序 XU

近年，世界学前教育界已经达成了最基本的共识：幼儿生命中最初几年是为其设定正确发展轨道的最佳时期，早期教育是消除贫困的最佳保证，投资学前教育比投资任何其他阶段的教育都拥有更大回报，当然，这些成效的达成都以高质量的学前教育为前提，而幼儿园教师是保证高质量学前教育的关键。

《国务院关于当前发展学前教育的若干意见》强调要造就一支师德高尚、热爱儿童、业务精良、结构合理的幼儿园教师队伍，为此颁布了《幼儿园教师专业标准（试行）》，引导幼儿园教师和教师教育向着专业化、规范化和高质量的方向发展，这套教材正是以满足《幼儿园教师专业标准（试行）》《教师教育课程标准》和幼儿园教师资格证考试要求为理念编写的，体现了如下特点：

一、全新的教材编写理念

师德是幼儿园教师最基本的职业准则和规范。师德就是教师的职业道德，是幼儿园教师在保教工作中必须遵循的各种行为准则和道德规范的总和。对幼儿园教师而言，师德是其在开展保育教育活动、履行教书育人职责过程中需要放在首位考虑的。关爱幼儿，尊重幼儿人格，富有爱心、责任心、耐心和细心是幼儿园教师师德的重要内容。"教育爱"不仅仅是对幼儿身体的呵护，更需要幼儿园教师尊重每一个幼儿的人格，保障他们在幼儿园里快乐而有尊严地生活，为幼儿创造安全、信任、和谐、温馨的教育氛围，能温暖、支持、促进每一个幼儿富有个性地发展。由于幼儿独立生活和学习的能力还较差，幼儿园教师几乎要对他们生活、学习、游戏中的每一件事提供支持和帮助，幼儿园教师充满爱心地、负责任地、耐心地和细心地呵护，才能使学前教育能够满足幼儿个体生命成长的需要，体现学前教育对个体生命的意义与价值。

幼儿为本是幼儿园教师应秉持的核心理念。学前儿童是学前教育的主体和核心，必须尊重儿童的主体地位，学前教育的一切工作必须以促进每一个儿童全面发展为出发点和归宿，因此，珍惜儿童的生命，尊重儿童的价值，满足儿童的需要，维护儿童的权利，促进每一个儿童的全面发展，是学前教育的本质，也是学前教育最根本的价值所在。具体来说，幼儿为本要求教师要尊重幼儿作为"人"的尊严和权利，尊重学前期的独特性和独特的发展价值，以幼儿为主体，充分调动幼儿的积极性，遵循幼儿身心发展特点和保教活动的规律，提供适宜的、有效的学前教育，保障幼儿健康快乐地成长。

专业能力是幼儿园教师成长的关键。毋庸讳言，我国幼儿园教师的专业能力与学前教育改革的需要之间还存在着较大差距，在当下，幼儿园教师观察幼儿、理解幼儿、评价幼儿、研究幼儿、与幼儿互动、有针对性地支持幼儿、反思自己的教育行为等保教实践能力是其专业能力中的短板，在职教师们普遍感到将《幼儿园教育指导纲要（试行）》《3~6岁儿童学习与发展指南》中的先进教育理念转变为教育行为仍然存在困难，入职前的学前教育专业学生也需要强化正确的教育观和相应的行为，理解、教育幼儿的知识与能力，观摩、参与、研究教育实践的经历与体验。因此，幼儿园教师和教师教育应该强调在新的变革中转变自己的"能力观"，树立新的"能力观"，提高自己与学前教育变革相匹配的、适应"幼儿为本"的学前教育专业能力。

终身学习是顺应教师职业特点与教育改革的要求。德国教育家第斯多惠说过："只有当你不断致力于自我教育的时候，你才能教育别人。"幼儿园教师需要不断拓展自身的知识视野，优化知识结构，了解学科发展和幼教改革的前沿观点。因此，幼儿园教师应该是终身学习者，具有终身学习和持续发展的意识和能力。终身学习是时代进步和社会发展对人的基本要求，是人类自我发展、自我实现的不竭动力，是幼儿园教师专业发展的基本条件，也是幼儿园教师更好地完成保育教育工作的必然要求，只有不断学习与发展，才能跟上学前教育改革的步伐。

二、重实践的教材特点

这套教材的编写力图呈现以下特点：第一，内容全而新。根据《幼儿园教师专业标准（试行）》《教师教育课程标准》和《幼儿园教师资格考试大纲》的内容和要求，确保了内容的全面性和时效性。第二，重实践运用。针对学前教育专业学生的特点和实际需要，围绕成为一个合格的幼儿园教师"需要做什么"和"具体怎么做"这两个问题展开，强调实践运用。第三，案例促理解。为了帮助学习者了解幼儿园保教实践中遇到的各种问题，灵活地运用保育教育现场的各种策略，本书列举了大量的案例，并对案例进行了具体分析，增强了本书的针对性和操作性。

三、多元化的教材使用者

这套教材主要的使用对象是职业院校相关专业的学生，也可用于幼儿园新教师培训、转岗教师培训和在职幼儿园教师自学时使用。实践取向的教材涉及学前教育、儿童发展理论的相关内容，以深入浅出的解读与理论联系实践的方式阐释，提供了大量的操作案例，同时提供课件，方便教师备课和理解钻研教材时使用，也便于学生自学、预习或温习。

杨莉君

于湖南师范大学

前言
QIANYAN

在幼儿园教育活动中，环境作为一门"隐性课程"，越来越受到大家的重视。良好的幼儿教育环境能极大地促进幼儿智力和个性等诸多方面的发展。教育部2012年颁布的《幼儿园教师专业标准（试行）》（以下简称《专业标准》）中提出，环境的创设与利用是幼儿园教师的专业能力之一，为幼儿提供良好的环境，让幼儿身心愉悦，在与游戏材料的互动中获得认知与发展，创设良好的环境是幼儿园实施素质教育的基础。因此，环境创设能力是幼儿教师在职前教育阶段必备的能力之一，而幼儿园环境创设课程的开设正是针对这一要求的积极响应。

编写本教材之前，编者对专科层次学前教育专业学生的学习现状、学习能力、学习要求以及幼儿园环境创设课程的开设、教学、作用等都进行了深入的研究与分析。结果发现：专科层次学生对本门课程兴趣浓厚，能够积极参与课堂活动，但是绝大部分学生把学习的精力放在了制作部分，对环境创设理念、设计方法的思考不够；学生的自学能力薄弱，制作能力与手工课程的训练相关，创新能力、结合教育理念设计与制作的能力欠缺；学生的学习愿望以实践应用为主，希望通过学习本门课程满足入职对专业水平的要求。综观目前开设学前教育专业的专科院校，绝大部分能够意识到此门课程对学生专业素养培养的重要性，但是各院校对此课程的理解不一，有的将此课程定义为理论课程，有的则作为专业技能课程，这些都不利于幼儿教师专业实践能力的培养。

针对以上情况，本教材立足于在职前教育阶段培养学前教育专业学生的实践能力，凸显实践和实用两个特点，以学生的兴趣需要和能力水平为基础，结合幼儿园对教师专业能力的要求，规划教材的内容和指导思想。本教材注重指导学生的理论基础，结合幼儿园实际案例，细化环境创设的指导策略；聚焦于幼儿园环境创设，根据幼儿园环境创设的实际，将相关方面整合成三个模块。第一模块是幼儿园环境创设的概述，阐明了幼儿园环境创设的含义、原则等基本内容；第二模块为上篇，主要介绍幼儿园班级环境创设，包括班级环境创设概述、班级活动区的环境创设、幼儿园班级墙面环境的创设与布置、班级生活区域环境创设；第三模块是下篇，涉及的是幼儿园公共环境创设，包括幼儿园室外公共环境创设和幼儿园室内公共环境创设。在具体内容的编写上，突出理论与实践相结合，每一章开始部分都以幼儿园实际案例导入，引发学生思考。主体部分注重结合实例，图文并茂，每一章结束部分都附上了相关案例分析与指导，力求从理论高度和实践层面有效指导学生提升环境创设专业能力素养。

本教材的编写队伍也突出了理论与实践相结合的特点，有专科学校学前教育专业老师，也有地方学前教育专业专职教研员，还有一线优秀幼儿园园长，他们在幼儿园环境创设方面有着较长时间的研究和丰富的经验。其中，第一章由湖北幼儿师范高等专科学校金晓梅教授编写，第二章由武汉市教科院张敏、武汉市青山一幼刘洁编写，第三章由湖北幼儿师范高等专科学校学前系李娜编写，第四章由武汉市市直机关健康幼儿园肖知杰、王蕾园长编写，第五章由武汉爱立方儿童教育传媒股份有限公司杨慧玲编写，第六章由武汉市实验幼儿园骆萍编写，第七章由武汉市江岸区幼教教研员尹力、珞珈山街怡和幼儿园袁艳萍园长编写，全书由李娜负责统稿。另外，武汉市育才沌口开发区幼儿园赵雁园长、武汉市汉阳区晨光幼儿园陈敏、武汉市江汉区大兴路幼儿园刘莉、武汉市青山一幼王慧等诸多一线工作者为本书提供了许多实际案例，为本书增色不少，在此一并表示感谢。

在本书出版之际，我们要特别感谢湖南师范大学杨莉君教授为本书的编写提供了全程的专业指导，提出了诸多建设性的指导意见。同时也要感谢北京理工大学出版社为本书的编辑、印刷做出的诸多努力。更要向国内外众多被本书引用了图文，但编者因为技术原因无法一一注明的原创者，表示衷心的感谢！

本教材适用于学前教育专业专科三年制学生、五年一贯制学生、幼儿园教师，以及有志于从事幼儿教育事业的人员。

本教材编写体系尚有待实践检验，教材中难免存在不足和不完善，甚至错误之处，真诚希望各位专家、同人和广大学习者批评指正。

编　者

目录

第一章　幼儿园环境创设的概述 …… 1
第一节　幼儿园环境创设的含义 …… 2
第二节　幼儿园环境创设的基本原则 …… 19
第三节　幼儿园环境创设特色案例与分析 …… 26

上篇　幼儿园班级环境创设

第二章　班级环境创设概述 …… 34
第一节　班级环境创设的整体布局 …… 35
第二节　班级主题活动环境的创设 …… 54
第三节　班级心理环境的创设 …… 60
第四节　班级主题环境创设的整体布局设计案例分析 …… 68

第三章　班级活动区的环境创设 …… 84
第一节　班级活动区整体规划 …… 85
第二节　班级活动区的环境布置及材料投放 …… 114
第三节　班级活动区的环境创设案例与分析 …… 138

第四章　幼儿园班级墙面环境的创设与布置 …… 144
第一节　班级墙面环境创设的种类和功能 …… 145
第二节　班级墙面环境的设计与布置 …… 152
第三节　班级墙面环境创设案例与分析 …… 159

第五章　班级生活区域环境创设 ……………………………… 163
第一节　班级生活区域的分区及功能 …………………… 164
第二节　班级生活区域环境的设计与布置 ……………… 169
第三节　班级生活区域环境创设案例与分析 …………… 183

下篇　幼儿园公共环境创设

第六章　幼儿园室外公共环境创设 …………………………… 188
第一节　室外公共环境创设的整体布局规划 …………… 189
第二节　围墙环境创设 …………………………………… 202
第三节　户外运动区环境创设 …………………………… 205
第四节　戏水玩沙区环境创设 …………………………… 212
第五节　种植养殖区环境创设 …………………………… 214
第六节　幼儿园室外公共环境创设案例与分析 ………… 219

第七章　幼儿园室内公共环境创设 …………………………… 224
第一节　厅廊环境创设 …………………………………… 225
第二节　楼梯环境创设 …………………………………… 229
第三节　幼儿园专用功能室环境创设 …………………… 232
第四节　幼儿园室内公共环境创设案例与分析 ………… 238

参考文献 …………………………………………………………… 246

第一章 幼儿园环境创设的概述

学习目标

1. 了解幼儿园环境的含义、分类以及环境创设对幼儿发展的重要意义,明确教师在幼儿园环境创设中的作用。
2. 理解幼儿园环境创设的主要理论观点,初步树立正确的环境创设观。
3. 掌握幼儿园环境创设的理论依据及基本原则,能够结合案例尝试进行实践运用。

案例导入

美丽的秋天到了,老师组织小朋友收集秋天的果实来装扮自然角。给鸭梨扎上彩色纸带,画上人的五官,制成"梨姑娘";按香蕉、姜、土豆的形状做成小船、飞龙、小猪等;收集落叶拼贴成五颜六色的图画;将种子分类装在透明的塑料袋中,用订书机固定在吹塑纸上,然后加以装饰,注明名称后挂在墙上,既便于观察,又是一件件不错的装饰品。幼儿在闻到了秋果、种子的芳香后,真切地领悟到秋天是金色的季节,真实地体会到秋天带给大家美的享受、美的意境、美的情趣。

幼儿园环境的创设应透露出对使用者——幼儿和教师的兴趣、需求和能力的尊重态度,作为教育工作者,在创设环境时应不断地询问自己:幼儿需要什么样的环境?这样的环境对幼儿的发展有何价值?能引发幼儿怎样的探索活动?等等。

第一节 幼儿园环境创设的含义

幼儿园是促进幼儿身心发展的重要场所之一，环境创设是幼儿园教育最重要的课程资源。重视幼儿园环境的创设，积极开发和利用环境因素，让幼儿在与环境的互动中自主发展，这是当今整个中国幼儿教育改革的大趋势。《幼儿园教育指导纲要》（以下简称《纲要》）高度重视幼儿园的环境创设，"总则"部分的第四条提出"幼儿园应为幼儿提供健康、丰富的生活和活动环境，满足他们多方面发展的需要，使他们在快乐的童年生活中获得有益于身心发展的经验"。如何创设有利于幼儿健康、全面发展的环境，这是所有幼教工作者都要认真思考的问题。

一、幼儿园环境的概念

幼儿园是幼儿日常生活、游戏和学习的重要场所，对幼儿的身心发展具有特殊意义。3~6岁的幼儿不具备成人具有的对环境的选择、适应、改造等能力，这决定了幼儿对环境具有广泛的接受性和依赖性。因此，幼儿所处的环境对幼儿的发展必然会产生重要的影响。

（一）环境和幼儿园环境

1. 环境

环境（Environment）是指围绕着某一事物并对该事物会产生某些影响的所有外界事物，也就是说，环境是指相对并相关于某项中心事物的周围一切事物。它既包括以空气、水、土地、植物、动物等为内容的显性的物质因素，也包括以观念、制度、行为准则等为内容的隐性的非物质因素；既包括山川、河流、动植物等自然因素，也包括人际关系、文化等社会因素。

总之，环境总是相对于某一中心事物而言。围绕中心事物的外部空间、条件和状况，构成中心事物的环境。因此，环境因中心事物的不同而不同，随中心事物的变化而变化。中心事物不同，环境的大小、内容等也就自然不同了。

2. 幼儿园环境

幼儿园环境是相对并相关于幼儿园和幼儿园教育的一切事物。广义的幼儿园环境是指幼儿园教育赖以进行的一切条件的总和，既包括园内环境，又包括园外的家庭、社会、自然、文化等大环境。狭义的幼儿园环境则主要是指园内环境，即幼儿园中对幼儿身心发展产生影响的物质和精神要素的总和。在本教材中，我们侧重探讨狭义的幼儿园环境。

幼儿园环境是由幼儿园的全体工作人员、幼儿、各种物质器材、人事环境以及各种信息要素，通过一定的文化习俗、教育观念所组织、综合的一种动态的、教育的空间范围和场所。这种空间范围既是物质的，又是精神的；既具有保育性质，又具有教育性质；既是开放的，又是相对封闭的。它不仅受到特定的地理环境、空间方位的影响，而且受到特定历史阶段的社会氛围的影响。[①]

(二)幼儿园环境的特点

1. 教育性

幼儿园作为专门的教育机构，其环境是在教育目标的指引下，有目的、有计划地针对幼儿的特点精心创设的。幼儿园环境是教育者实现教育意图的重要中介，遵照《幼儿园工作规程》关于"创设与教育相适应的良好环境"的要求，幼儿园将各种条件加以优化、合理组合，"让幼儿园的每一个平方都发挥教育功能"，把教育意图渗透在环境之中，让环境指导幼儿相应的行为。如楼梯上上行下行的两行小脚印（图1-1），就是在无声地告诉幼儿，要注意安全，上下楼梯靠右行，不要推挤；图书架上整齐摆放的图书（图1-2），就是在告诉幼儿，看完图书后要把图书放回原处，不可以随地乱扔；教师满脸笑容地在门口迎接小朋友，就是在用行动告诉孩子们，老师很喜欢你们，很期待你们的到来。此外，老师以玩伴的身份参与游戏，可以让幼儿感受到教师与他们在人格上的平等和对他们的尊重。

图 1-1

图 1-2

案例一

某幼儿园，进门是一条"之"字形的弯曲小路通向教室，路边小水池旁是一个江南农村常见的水车，水车旁连着一个儿童乐园里常见的脚蹬滚筒。这样的环境设计充分考虑了幼儿的特点：幼儿既喜欢走直路，也喜欢拐来拐去地跑，那就让弯曲的小路来满足他们；造型优美的水车既能美化环境，又让城市中的幼儿大开眼界，而且不光让其看，还让幼儿自己操作，有趣的蹬滚筒游戏使他们能亲眼看到水车怎样把水运到另一个地方；游戏之余，腿部肌肉力量不强的城市幼儿又能得到一次很好的锻炼。

2. 可控性

和社会大环境相比，幼儿园内的环境是处于教育者的控制之下的。具体表现在两个方面：一方面，社会上的精神、文化产品，以及各种儿童用品等在进入幼儿园时，必须经过

---

① 阎水金. 幼儿园环境与教育[M]. 郑州：河南教育出版社，1993.

精心的筛选甄别，取其精华，去其糟粕，以有利于幼儿发展为选择标准。如端午节到了，教师们会结合端午节布置一些适合幼儿的有意义的环境（图1-3），引导幼儿感受中华民族的传统文化。另一方面，教师根据教育的要求及幼儿的特点，有效地调控环境中的各种要素，维护环境的动态平衡，使之始终保持在最适合幼儿发展的状态。如果在活动中发现幼儿出现疲劳状态，可以播放一些舒缓的背景音乐，安排一些安静的活动，组织幼儿休息，使幼儿的机体得到恢复，从而保护幼儿的身体健康；如果活动中需要幼儿活跃起来，可以播放一些轻松欢快的音乐，促使幼儿尽快兴奋起来。

图1-3

幼儿园环境的教育性和可控性为幼儿园环境的创设提供了可能性和必要性。

（三）幼儿园环境的分类

1. 幼儿园环境的多维度分类

根据存在形式，幼儿园环境可分为：室内环境，包括教室、走廊、活动室等；室外环境，包括操场、园门、门厅等。

根据侧重的功能，幼儿园环境可分为：保育环境，包括餐厅、睡眠室、盥洗室等；教育环境，包括活动室、游戏区等。

根据活动内容，幼儿园环境可分为：生活活动环境，包括睡眠室、盥洗室等；游戏活动环境，包括室内外游戏场地；学习活动环境，包括活动室和各功能教室。

根据三维空间，幼儿园环境可分为地面环境、墙面环境、空中环境。

根据组成性质，幼儿园环境可分为物质环境和精神环境。

下面重点介绍物质环境和精神环境。

2. 物质环境和精神环境

物质环境是指幼儿园内影响幼儿身心发展的物化形态的教育条件，主要指幼儿园内的一些硬件条件、设施设备等，如园舍建筑、设施设备、活动场所、环境空间布置、教玩具材料、图书等有形可见的东西。

精神环境是指幼儿园的心理氛围，它的范围很广，包括影响教职工和幼儿精神状态、情绪的一切因素。它包括幼儿园在一定时期内形成的大众心理、文化、集体氛围、人际关系等，是由园内许多无形的社会、心理因素构成的复杂环境系统。精神环境对人具有广泛性、潜移默化性、持久性的影响。特别是对正处在身心发展过程中的幼儿来说，精神环境的影响更是潜在而深刻的。

近十几年来，在各级政府和全社会的关注和重视下，各地幼儿园的物质环境得到了极大的改善，不少幼儿园看起来越来越像花园、公园。但是当你走进幼儿园、走进幼儿，你会发现有些幼儿园并没有成为真正吸引幼儿的乐园。为什么幼儿在装潢设计得如此漂亮的幼儿园里并没有体验到真正的轻松快乐，甚至有些幼儿还不愿意上幼儿园呢？这是值得我们反思的。对幼儿园物质条件的高投资却没能得到应有的回报和效果，究其原因，主要是因为一些幼儿园缺乏环境创设的整体观，在重视物质环境创设的同时，忽略了对精神环境的创设。其实，精神环境的质量是制约物质环境功能发挥的阀门。精神环境越宽松，物质环境的能量就释放得越多。研究表明，生活在温暖、轻松、愉悦气氛中的幼儿，更容易形成积极的个性特征、良好的交往技能，可以说，积极健康的精神环境是幼儿创造性、品性、社会性等方面发展的关键变量。而营造积极健康的精神环境的核心是建立融洽、和谐、健康的人际关系。在幼儿园的各种人际关系中，师生关系是最重要的，教师在日常生活中应该对幼儿多支持、多肯定、多接纳、多表扬、多鼓励、多关注、多信任、多宽容，这样才能营造出积极健康的幼儿园精神环境。

二、幼儿园环境创设的理论基础

环境是教育的一个组成部分。幼儿的成长离不开环境，环境对幼儿的发展有极其深远的影响。我国古人对此就有过精辟的论述，如"近朱者赤，近墨者黑"就是强调环境对人的感染作用。古代教育家颜之推认为：环境是通过潜移默化的方式对儿童产生影响的，而且这种影响是深入且持久的。下面介绍一些有影响力的环境理论。

（一）行为心理学的环境理论

行为主义心理学认为：人是环境之子，有什么样的环境就有什么样的人，人的所有行为都是对环境刺激做出的反应。该学说提出了环境的质量决定人的质量的核心观点。

行为心理学的创始人是美国心理学家华生，他在《行为主义》一书中写道："给我一打健康的婴儿，一个由我支配的特殊的环境，让我在这个环境里养育他们，我可以担保，任意选择一个，不论他父母的才干、倾向、爱好如何，他父母的职业及种族如何，我都可以按照我的意愿把他训练成任何一种人物，如医生、律师、艺术家、商人，甚至乞丐或强盗。"他的理论简单地说是可以通过控制环境任意地塑造人的心理和行为，华生强调环境对人行为的影响（也就是刺激和反应之间的关系），是典型的"环境决定论"。

（二）认知心理学的环境理论

认知心理学派的代表人物皮亚杰认为：儿童是在与周围环境相互作用的过程中，逐步构建起关于外部世界的知识，从而使自身认知结构得到发展。儿童与环境的相互作用涉及两个基本过程，一个是同化，一个是顺应。简言之，同化就是把外部环境中的有关信息吸收进来并结合到儿童已有的认知结构中；顺应是指当外部环境发生变化，而原有认知结构无法同化新环境所提供的信息时，所引起的儿童认知结构发生重组和改造的过程。儿童就是通过同化和顺应这两种形式来达到与周围环境的平衡。

（三）蒙台梭利的环境观

蒙台梭利十分重视环境，她说："在我们的学校中，环境教育儿童。"她认为环境是重要的教育内容，而且教育方法的许多方面亦由环境决定。儿童需要适当的环境才能正常地发展，完善其人格。蒙台梭利根据儿童6岁以前的敏感期与吸收性心智，创设了一个以儿童为本位的环境，让儿童自己生活。这个环境是有准备的环境，其不仅是环境，而且是儿童不久后将要面临的未来世界及一切文化的方法与手段，因此它必须具备如下条件：①充分发挥儿童的节奏与步调。儿童与成人在心理和生理方面差异悬殊，成人在一小时内的认知和感觉与儿童所体验到的截然不同。儿童以其特有的步调感知世界，获得很多成人无法想象的事情。儿童特有的节奏已成为他们人格的一部分。成人在复杂、多变的文化环境中生存时，必须加强保护儿童特有的节奏或步调所需的环境。②给儿童安全感。人类的孩子与其他动物的幼仔相比成熟得要晚，因此他们更需要庇护，当孩子感到危险时，应用温柔、鼓励的眼神关注孩子，才能使他们自由、奔放地行动。③为儿童提供可自由活动的场所与用具。儿童必须依靠运动来表现其人格，尤其是他们的内心一定要与运动相结合，才能够充分获得发展。因此，需要让儿童持续接触能——收集、分解、移动、转动、变换位置等可自由活动的用具与场所。④美对儿童是非常具有吸引力的，儿童最初的活动是美引起的，所以在儿童周围的物品，不论是颜色、光泽，还是形状，都必须具有美的感觉。⑤做出必要的限制。儿童的周围不可有太多的教材或活动的东西。太多的东西反而会使儿童的精神散乱迷惑，不知该选择何种教材或从事何种活动，以至于不能将精神集中在对象物上。为避免儿童因做不必要的活动而精神疲惫、散漫，教材及活动必须有某种程度的限制。⑥儿童的秩序感以2岁为高峰，其后的数年间，儿童的秩序是极特殊的，这个时期秩序感与儿童的关系就像鱼和水、房子与地基。事实上，儿童会以秩序感为中心，运用智慧进行区分、类比的操作，将周围的事物加以内化。如果没有秩序，一切事物都将产生混乱，儿童会因此失去方向感，所以秩序必须存在于有准备的环境中的每一部分。⑦与整个文化有连贯性。秩序存在于有准备的环境中的每一部分，就意味着秩序应包含于拓展儿童智慧的教材中。这种秩序可使儿童朝真实且正确的方向去努力，也就是儿童能认真、真实地生活。能够独立专注于自己世界内活动的儿童，才能真正在下一个阶段的成人世界中活动，而秩序应表现为在有准备的环境中与成人的文化世界相连。

（四）陈鹤琴的环境观

陈鹤琴先生认为，"有怎样的环境，就能得到怎样的刺激，得到怎样的印象"，并且"教育上的环境，在教育的过程中，起着一定的作用"。陈鹤琴先生还认为："小孩子生来都是好的，但是到了后来，或者是好，或者是坏，都是因为环境的关系。环境好，小孩子就容易变好；环境坏，小孩子就容易变坏。一个小孩子生长在诡诈恶劣的环境里，长大后也会变成诡诈恶劣的人；一个小孩子生长在忠厚勤俭的环境里，长大后也是忠厚勤俭的人。这是什么缘故呢？一个小孩子，他所看见的，所听见的，都是坏的印象，那他所表现

第一章 幼儿园环境创设的概述

的也是坏的;如果他在一种很好的环境里生长,他所听见的,所看见的,都是很好的印象,那他所表现的也是很好的。"因此,他强调应给儿童创设良好的环境。他既反对室内空空如也、一无所有,也反对把图片、表格挂满整个墙头,花花绿绿的像是新开张的商店。那么,什么样的环境才是良好的环境呢?陈先生提出了审美的环境和科学的环境这两条标准。

(五)瑞吉欧教育中的环境观

瑞吉欧教育的目标就是:创设一个和谐的环境,使在这个环境中的每一个幼儿、教师都感到自在、愉悦,生活幸福。瑞吉欧教育非常重视环境对幼儿发展的教育作用,明确提出了"环境是第三位教师"的幼教理念。

"第三位教师"是指环境对幼儿的教育作用是有别于教师和家长的,良好的环境可以与幼儿产生良性互动,从而发挥积极的教育作用。瑞吉欧教育取向的成功,不仅来源于环境中各个要素之间的积极配合,而且取决于环境中各个要素是否具有教育的成分,是否充分地参与到教育的过程中,是否有助于幼儿间的互动,是否有益于幼儿的知识建构。第一,幼儿学校中的环境大多是宽敞且阳光充足的,有广场、长廊、操场、花园、教室、工作室和餐厅等。第二,在设计活动方案时,教师十分重视引起幼儿兴趣的环境因素,并不断地调整环境。例如,在戴安娜学校中,一次偶然的降雨就成了一个活动项目的主题。幼儿们自发地观察雨前、雨中和雨后的变化,教师没有阻拦幼儿们尝试的举动,而是鼓励他们探索,积极地展开讨论。第三,幼儿的成长具有生态性,在教育中善于利用多元符号。例如,在"雪中的城市"活动项目中,教师将物理环境、社会环境和心理环境三者相结合,引导幼儿探索雪中城市的各种变化,从而完善幼儿的经验。

三、幼儿园环境创设的意义

幼儿园环境创设主要是指教育者根据幼儿园教育的要求和幼儿身心发展的规律、需要,充分挖掘和利用幼儿生活环境中的教育因素,并创设幼儿与环境积极相互作用的活动情景,把环境因素转化为教育因素,促进幼儿身心主动发展的过程。幼儿园环境创设对幼儿发展具有重要价值。

(一)促进幼儿认知的发展

美国教育家杜威曾提出:"一切知识经验都是在人与环境相互作用中得到的,是通过活动获得的。"也就是说,幼儿的认知是在与周围环境相互作用中不断发展的。幼儿园环境作为幼儿发展的一种刺激条件,可以有目的地塑造幼儿的某些行为习惯。只要幼儿园环境创设具有明确的指向性,就可以影响或促进幼儿特定方面的发展。

根据幼儿的学习兴趣、内容,可以将学习成果展示在幼儿园的走廊、教室内,或是在环境中创设问题情境等,通过环境来激发幼儿的兴趣,呈现学习内容,延伸学习活动,从而发挥其功能。如图1-4所示的"大树妈妈"(小朋友在彩纸上画、剪出各种树叶和小昆虫,贴在大树干上,并将作品进行展示)。

图1-4

案例二

在开展"动物世界"的主题活动中,孩子们把自己和家长们一起搜集来的有关动物的图片、模型等分门别类整理后,展示在教室的周围,教师播放一些动物的声音和音乐作为背景,让人仿佛置身于动物世界之中,激发了幼儿强烈的自主探索欲望。

案例三

在一次科学活动中,孩子们用收集来的各种材料,如砖块、小石子、贝壳、木块等,在户外场所铺设形态各异的小路。孩子们通过用脚踩、用手摸来感知光滑、粗糙、宽窄、长短等,玩得可开心了。这种与周围环境、材料的相互作用,有效地引发了幼儿主动活动的愿望,激发了他们学习和探索的兴趣和欲望。

(二)促进幼儿社会性的发展

幼儿的社会化是指幼儿在一定的社会条件下逐渐独立掌握社会规范,正确处理人际关系,妥善自治,从而客观地适应社会生活的心理发展过程。幼儿社会性的发展是在一定的环境中实现的。幼儿与幼儿、幼儿与教师、幼儿与物质之间的交流少不了环境的支持介入。幼儿园环境的诸多方面,如环境布置的内容及其营造的氛围、活动空间的安排、活动材料的投放,等等,都会通过影响幼儿在交往过程中的情绪状态、交往对象的数量等来影响幼儿社会性的发展。例如,幼儿园的教室内分隔成大小不同的区域,便于幼儿在人数不同的小组中进行合作式学习,使幼儿与同伴之间的沟通、竞争与合作更为容易;区角内的各种工具、材料和设备放在幼儿触手可及的地方,让孩子们选择自己喜欢的材料,用自己喜欢的方式全神贯注地进行探索学习;在幼儿园的楼梯下、走廊尽头或是教室的一角设置私密空间,以满足幼儿独处的情感需要,当幼儿疲劳时,失败时,与同伴发生冲突时,可以到这个小空间里安静地休息,或与同伴谈心,使内心得到一种释放或安慰。这些都有利于幼儿社会性的发展。如图 1-5 所示。

图 1-5

另外，幼儿在与教师、同伴、家长共同创设环境的过程中，会与他们进行交流、合作，表达自己在遇到困难、疑问时的沮丧、郁闷，以及完成任务后的喜悦等。幼儿在这一过程中会逐渐了解人际交往的规范和技巧，进而逐步适应社会生活，实现个体的社会化。

案例 四

教师 A 在教室的一角布置了"谁生病了"的栏目，在这个栏目上贴上请病假的幼儿的照片，并写上病情，让幼儿相互告知谁病了。每当生病的幼儿康复后来园时，班上的小朋友们就会非常关心地上前询问，营造了一种相互关爱的氛围。

（三）促进幼儿审美的发展

著名教育家陈鹤琴先生曾说过："环境艺术化是教育的一种手段。"爱美是儿童的天性，如果我们使幼儿一进入园内就置身于整洁、优美的环境中，得到一种美的享受，这对培养孩子们健康的审美观、理智感和道德感等都有很大的益处。

众所周知，幼儿的审美观具有明显的直观性，他们必须依赖自己看到的、听到的和接触到的直观事物，透过视觉留给孩子们的更多的是心灵的归宿感、亲切感、舒适感和喜悦感。因此，我们应该尝试通过创设富有审美情趣的环境来提高幼儿的审美能力。

以前，教师在环境的创设过程中比较注重童趣氛围和幼儿年龄特点这两方面，而较少考虑幼儿的审美需要，导致环境的布置显得单调且缺少变化，欠缺延续性和目的性。那么如何才能提高幼儿的审美能力呢？教师可以根据一定的主题内容创设出适合本班幼儿年龄和兴趣取向的基本环境，在这个基本环境的基础上，增添具有"童心"的栩栩如生的形象，选择优美、淡雅的色彩和活泼的造型，营造富有童趣和想象空间的氛围，引导幼儿去看、去想、去说。以幼儿园中的基本环境为例，可在走廊墙壁上挂一些教师的手工作品和幼儿的美术作品（图1-6、图1-7），或在教室里贴一些师生共同制作的各种手工作品，力求做到内容与形式的统一，创造出具有意蕴的形式美，使幼儿在无声的教育环境中接受美的熏陶，获得美的感受，提高美的鉴赏能力。

图1-6

图1-7

四、幼儿园环境创设的要点

（一）了解幼儿喜爱的环境

教师是幼儿园环境创设的关键人物，但幼儿才是幼儿园环境的主人，所以在创设幼儿园环境时，必须了解幼儿喜爱什么样的环境。

幼儿由于其自身的特点，对环境的选择有自己的标准。幼儿教育的实践也表明，幼儿并不会对周围所有的环境都表现出热情，而是对环境的选择带有明显的倾向性。他们喜爱的环境是：[①]

1. 熟悉的环境

幼儿喜欢熟悉的环境。不熟悉的环境，如不熟悉的人或不熟悉的地方，容易使幼儿产生焦虑和害怕的情绪。而熟悉的环境可以帮助幼儿克服这种不良情绪，如当一个陌生人出现的时候，幼儿如果在妈妈身边，特别是在妈妈的怀抱里，他就不会害怕。因此，在幼儿园的环境创设中，应尽量为幼儿提供熟悉的且与幼儿生活体验相符的环境，使幼儿对周围的环境消除陌生感，并喜欢投入这样的环境中。

2. 新奇的环境

好奇是幼儿的天性，他们对一切新奇的东西，都想看看、听听、摸摸、碰碰。正是通过这些具体的感触，他们接受了外界的信息刺激，从而逐步形成了他们最初的感知系统。但是，如果环境始终是单调、枯燥的，就会失去信息的刺激作用，他们就会对周围环境失去兴趣。因此，新鲜、奇特、生动的环境能够帮助幼儿不断地吸收信息刺激，促进其心理

---

① 阎水金. 幼儿园环境与教育［M］. 郑州：河南教育出版社，1993.

发展。根据这个特点，幼儿园环境创设如果能随教育要求的不同而有所变化，室内情景设置上也能经常变化，时有更新和创新，就能够引起小朋友持久的兴趣和喜爱。

3. 动态的环境

孩子几乎对任何动态的环境都是感兴趣的，而他们自己正是构成动态环境中的最活跃的因素。幼儿期是身体发育最快的时期，因此，运动成为他们锻炼身体的一种客观需要。就像母鸡缺钙寻找石灰一样，幼儿不停地运动正是为了满足身体发育的需要。因此，幼儿园环境创设必须为幼儿提供充分的活动机会，让幼儿去接触变化的事物，以及观察事物变化的过程；为幼儿提供动态的环境和动态的教育玩具与教育情景。

4. 自然的环境

幼儿的年龄越小，越喜爱具有自然色彩的环境，比如树林、花园、草地、动物园等。这里也有两方面的原因：一是生理原因。由于年龄太小，幼儿不具备参与社会环境的生理基础，年龄越小，越对自然环境感兴趣。二是遗传原因。人类的童年时期是在自然环境中谋生，他们吃、穿、用都从自然界中索取。由于生存能力有限，他们一刻也离不开能够提供给他们生存资源的大自然。这些作为一种遗传基因留存于幼儿身上。所以，幼儿特别喜爱的环境之一就是自然环境。

因此，在幼儿园环境的创设中，特别要注重挖掘空间的潜力，充分利用幼儿园中多余的、空闲的角落和场地，利用自然界所提供的沙、水、石、泥、动植物等，构建各种水坑、沙坑、泥坑、饲养角、植物角等，让幼儿能在自然的环境中，利用自然的材料进行活动，这样的环境往往深受幼儿的欢迎。

5. 富有情感的环境

心理学的实验表明，幼儿有强烈的依恋需要，特别是母亲的抚摸、搂抱、亲昵，这对幼儿的正常发育是非常重要的。少了它就像饮食中缺少维生素一样，孩子会孤僻、急躁、心神不定，甚至会发育不良，容易形成"儿童自闭症"。随着幼儿年龄增大，社会性行为增强，幼儿不满足于仅仅来自双亲方面的情感交流，而希望获得来自社会范围内的情感交流。这时，他们就对周围富于情感色彩的环境表现出浓厚的兴趣，而且产生强烈的介入愿望。特别是幼儿园中伙伴之间的情感交流、老师亲切的态度、成人的接纳态度，这些都是这个阶段幼儿渴求的情感交流。因此，在幼儿园精神环境的创设中，教师要注意营造轻松、愉快、平等的人际氛围，尤其是要培养良好的师生关系和幼幼关系。如老师经常和小朋友交谈，真诚地关心他们，使他们感受到"老师像妈妈"；小朋友之间讲友谊，提倡"玩具分享活动"等，满足幼儿对情感体验的需要。

6. 受鼓励的环境

幼儿由于其特定的生理和心理特点，对自身的言行往往缺乏评价能力，都是从周围人的评价中来认识自己的行为的。因此，鼓励的环境对幼儿来讲就显得特别重要，它不仅能增强幼儿的自信心，而且对他们今后的发展会产生巨大的影响。在幼儿心目中，老师是至高无上的权威，一句表扬的话能使幼儿高兴好长时间，并成为日后行为的动力。对幼儿来说，鼓励能使他们明确地感受到环境对自己的欢迎，能增强他们的自信心，并且由此产生的正强化效应将指导幼儿寻找到自己的努力方向，最终取得成功。

显然，幼儿园创设的环境应把握幼儿所喜爱的环境的基本特点，以求最大限度地创设幼儿喜爱的环境，从而产生积极的教育效应。

（二）明确教师在幼儿园环境创设中的作用

幼儿园环境创设是师生共同参与的活动，教师在其中往往起着重要的作用。

1. 规划准备，提供环境

提供环境主要指教师根据现有条件，有目的、有意识地创设相应的、为实现教育目标及促进幼儿发展所需要的环境。这不是简单地提供一种具体的环境和材料，而是要从幼儿发展的实际需要出发，为他们提供有益的信息来源、活动机会、活动情境及材料等。

（1）规划布局。规划布局是指教师运用相关知识技能和策略，结合现有条件，对环境的整体或某一场所的空间布局、平面设计、物品位置、设施设备、材料投放及相应的运用说明等，进行总体的考虑（图1-8）。在规划环境时应遵循兼顾全局、突出优势、讲求实效等基本原则。

图 1-8

案例五

某幼儿园的门厅以"艺术的天堂"为主题，既有以多种艺术化手段展示的幼儿艺术作品，又有"每月一画""每月一诗"的欣赏互动区，悬挂的艺术教育名言渲染出浓郁的艺术氛围。而幼儿园一至三层楼的长廊分别以"快乐的音乐王国""艺术畅想""中国传统艺术"为主题，不同的主题设置不同的情景，创设不同的环境，体现不同的艺术风格。参观幼儿园就像翻开了一本制作精良的幼儿立体彩绘图书，虽然书中的章节内容各不相同，但主题都是"艺术和美"。

（2）投放材料。投放的材料不是随意摆放的，它是根据教育目标的要求出现和更换的。材料是幼儿活动的对象，与幼儿的年龄特点、经验、能力和需要相适应，能激起幼儿对学习的主动性，使他们在没有压力的环境中主动观察、独立思考，以及发现、解决问题。

皮亚杰提出:"儿童的智慧源于材料。"环境的教育功能主要通过材料来表现。不同的材料能引发幼儿不同的活动。活动材料越丰富,形式越多,幼儿在操作过程中就越聪明、自信、大胆。

利用自然物品和废旧物品是丰富环境材料最经济、最实用的方式(图1-9),教师要发动家长和幼儿共同在生活中收集这些材料,但必须注意幼儿的安全,把幼儿的安全放在首位。

图1-9

案例六

在"秋天到了"的主题活动的前期讨论活动结束后,教师发动幼儿一起去收集、准备大家说过的材料。没想到第二周孩子们就纷纷从家里带来了各种各样的树叶、各种水果的图片,以及孩子们参加农作物采摘的图片。当老师把孩子们收集到的各类材料分类展示出来的时候,孩子们兴奋极了,他们不仅被这种特有的艺术美所深深吸引,体验到了合作的快乐,更重要的是他们在收集的过程中增加了对秋天的认识和感受,从而获得了有关秋天明显特征的感性经验。这样的环境创设过程既是让他们参与环境创设的一个重要途径,又是一个十分重要且具有良好效果的教育过程。

材料是否有趣、可变、可操作对幼儿能否主动参与操作有很大影响。应提供有趣的能激发幼儿探索欲望的材料,如科学区的多棱镜、磁铁、翻板、石磨、水瓶、沙漏、小家具、奇妙的转盘等。又如生活角的多功能包,计算角的溜溜棋、多变几何体、七巧拼板,等等。所有既有趣又能让幼儿做做玩玩的材料,都能增强他们学习探索的兴趣。

材料的投放要考虑班级幼儿不同的需要、能力,要面向全体幼儿。每个幼儿的发展水平都是不一样的。不同的幼儿有不同的兴趣、爱好和个性,甚至同一年龄的幼儿,他们之间也存在能力上的差异,而且发展速度也不一样。所以教师在提供材料时,千万不能"一刀切",应该通过观察、评估每一个幼儿的发展状况,为不同发展水平的幼儿提供不同层次的材料。既要考虑"吃不了"的幼儿,又要兼顾"吃不饱"的幼儿,使每一个幼儿都能在适宜的环境中获得发展。

为了促进幼儿小肌肉的发育和培养细致的操作能力,教师在手工角设置了"夹玻璃球"的内容。在练习用筷子夹玻璃球时,能力强的幼儿可选择夹进瓶中,能力弱的幼儿可选择夹进盒中。班上有一位幼儿由于先天原因,动作发展迟缓,教师就在旁边放了一把勺子,允许他用勺子把玻璃球舀进盒中。这样可以让每个幼儿都能找到适合自己的材料,给他们提供不同的操作机会。在活动中,允许操作能力强、完成较快的幼儿在完成本次活动后选择第二区角的内容,这样既让操作慢的幼儿有足够的操作时间,又让操作快的幼儿减少消极等待现象,使每个孩子都获得成功感。

教师投放材料的丰富程度直接关系到幼儿活动质量。投放的材料如果丰富,能促使幼儿尽兴尽情地"研究"他们的世界。投放的材料应该是丰富多彩的,然而,丰富的材料并不等于越多越好,多则滥,滥则泛。幼儿注意力具有不稳定性,过多过杂的材料投放尽管能吸引幼儿的注意力,但也易造成幼儿玩得分心、玩得眼花,一会儿拿这个玩玩,一会儿拿那个玩玩,只学会了拿起一物,摆弄片刻,然后丢弃,又另换一物,如此这般,显然与教师投放材料的初衷是相悖的。因此,在投放材料时,应考虑材料与活动目标的关系,做到有的放矢,加强材料投放的针对性、目的性和科学性,并依据对幼儿活动的观察,分期分批地投放,定期更换与补充,使幼儿对环境材料始终保持新鲜感和探究的欲望。

(3)布置环境。环境创设仅仅由教师单方面策划、忙碌、布置好之后,对幼儿说声"请进"的做法,是会在无形中扼杀幼儿的主体性和参与精神的。要让幼儿真正成为环境的主人,就应让他们参与到环境的具体布置中。参与布置会使幼儿感到自己受到重视,同时幼儿参与布置的过程,也是幼儿学习的过程。

教师心中要装着教育目标,在此前提下让幼儿参与环境布置内容的选择和设计,征求幼儿的意见,采用幼儿的一些想法,在了解幼儿意愿的基础上进行适当的引导,使幼儿与教师的意见逐步统一,最后确定环境布置的内容。

在环境布置中教师不要包办代替,而应更多地让幼儿动手参与。幼儿参与并不意味着教师可以袖手旁观,教师应该成为一名很好的观察者和引导者,在幼儿意见有分歧时进行适当的调解,当发现幼儿有困难而真的需要帮助时伸出援助之手。幼儿通过动手、动脑,在亲手参与环境布置的过程中,可以获取新的知识经验,也能得到能力的培养,真正成为环境创设的主人。此外,幼儿对自己布置的环境也有一种特殊的钟爱和亲切感,这样会激发幼儿更充分地与环境相互作用。

案例八

在一次以"冬天"为主题的墙饰布置中，教师在墙饰上留了很多可以翻开的小门，小朋友们结合刚开展的"动物冬眠"的主题活动，从各自收集的画报上剪下一些动物图片贴在不同位置的小门里。每天来园的小朋友都会跑去翻开小门，看看自己贴的小动物，而且会经常在上面添加一些新的小动物。这个墙饰成了主题活动的有效延伸。

2. 引导互动，控制环境

准备或提供了一个好的环境并不等于就万事大吉了。这个环境能否按预期的计划取得良好的效果，幼儿能否充分地利用环境中的条件，能否在活动中真正得到发展，还要看教师能否营造环境的气氛，能否有效地控制环境。

教师控制环境的作用是指教师能利用环境来激发和保持幼儿的活动积极性，能帮助幼儿利用环境中的条件来发展自己。大致有这样几个环节：诱导幼儿进入活动；帮助幼儿展开活动；指导幼儿解决纷争、困难或情绪问题；帮助幼儿结束活动。在每个环节中，教师都使用"直接"和"间接"的教育方式，通过灵活地变换角色，促进幼儿与环境中的人际因素和物质材料有效地相互作用。[①]

图 1-10 所示为某幼儿园开展的"快乐吃吃吃"活动，小朋友画出不同的食物，分成 5 类：肉蛋类、蔬菜类、水果类、乳类、粮食类，分别贴在墙壁上，每天来到这里的小朋友按不同种类喂大嘴巴吃。

图 1-10

环境创设的最终目的是有效地激发幼儿发现的欲望、探究的兴趣，实现幼儿的主动发展，因此，在环境创设的过程中，教师应把重点放在引导幼儿产生与环境互动的效应上。

---

① 李季湄. 幼儿教育学基础［M］. 北京：北京师范大学出版社，1998.

无论是师生共同准备和创设的环境材料，还是教师根据教育目标提供的环境材料，都应积极支持、鼓励幼儿进行探究和操作活动。在指导幼儿进行探究和操作活动时，教师要转变以往检查者的角色，把精力从检查玩具是否丢了、东西是否乱了、幼儿之间是否发生矛盾了等方面转到关注幼儿的探究、操作活动上来，关注他们的兴趣和需要，正确判断他们现有的发展水平，鼓励他们向更高的水平发展。这样才能真正发挥环境教育的价值、功能，体现《纲要》的精神。

案例九

阳阳带来了一盒新收的黄豆，阿姨帮他种在豆腐盒里，过了几天就发芽了。随后的几天，有的小朋友带花生，有的带瓜子，种植区一下子就丰富起来了，吸引着孩子们每天去观察。"怎样让大家知道我的小植物发芽了？""它长出来是什么样子的？""小植物会有什么样的变化？"很自然地，孩子们就萌生了做观察记录的想法。于是，我们一起设计封面，装订观察记录本，布置观察记录角。我们还一起用剪纸的方式剪出小嫩芽在种植器皿上做装饰，种植区成了我们班最亮丽、最热闹的地方。

——湖北省实验幼儿园　夏君

环境创设的目的是引发和支持幼儿与周围环境的积极作用，怎样启发、引导幼儿积极参与，幼儿怎样参与，这便是教师在创设环境时所要思考的最重要的问题。在这个过程中，教师对孩子需求的敏锐发现和引导、支持，环境创设的视角和选择材料的扩展，等等，都是孩子在环境中获得经验的重要因素。

3. 动态把握，调整环境

环境的提供与规划并不是一成不变、一劳永逸的。因此，教师在环境创设过程中还应发挥调整环境的作用，即根据环境因素的变化与幼儿的发展，及时地对现有的环境材料进行调整，具体包括：随时补充新的环境条件；协调环境与环境、环境与人、人与人之间的相互关系；控制环境教育中的不利因素；不断完善原有的环境规划方案及环境中的活动方案等。这要求教师对幼儿园环境中的所有信息都具有动态把握的能力，注重创设动态环境。

在幼儿园环境创设中，教师要根据幼儿发展的需要不断更新、变化，使环境与幼儿之间形成动态的平衡。如发现有的区角幼儿很少光顾，就说明该区角该重建或撤销了；发现幼儿经常争抢玩具材料，就说明要增添材料了。在材料投放上，教师也要经常通过观察幼儿的操作过程和发现幼儿个体差异适当进行层次更换，只有这样，才能满足不同水平幼儿的发展需要；才能更好地体现幼儿的个体差异，突出教育重点；才能更好地促进幼儿通过环境和材料的互动构建新知，达到幼儿实现自主发展的目的。

当幼儿自主选择操作材料时，教师应当成为一名细心的观察者，通过观察和参与游戏，从孩子的操作中发现新问题，产生新思考，从而使下一次的材料投放和环境创设有更明确的目标和针对性。

案例十

随着幼儿的不断成长和知识的不断丰富,一成不变的活动室环境已不能满足孩子们发展的需要,久而久之,原来的环境布置就会失去吸引力,孩子们活动的主动性、积极性也会随之下降。本学期在创设美工区时,我特别注意到这一点。在刚开学的时候,孩子们非常喜欢剪纸,于是我们便在美工区提供了大量剪纸材料。通过活动,孩子们的动手能力、创新思维得到了很好的发展。后来,在学习了弹色画后,孩子们又对弹色画产生了极大的兴趣。于是,我及时地将剪纸材料更换为制作弹色画的材料。每当制作弹色画时,孩子们都特别专注,通过一次又一次的制作,孩子们认真做事的习惯得到了很好的培养。这让我感到:动态环境能激发孩子们的学习兴趣,动态环境就是最好的老师。

——曹绪凤

(三)有效发挥环境的教育功能

环境创设过程中要注意发挥环境的教育功能,实现教育功能的最大化,贯彻效用性原则,要注意:

1. 因地制宜,充分利用三维空间

任何环境的创设都必须从实际出发,由于每所幼儿园的建筑、地形、地貌、周边环境,以及总体设计是不同的,因此在处理手法上不能千篇一律,必须因地制宜、多方构思,充分挖掘、利用现有的三维空间,构建富有特色的幼儿园环境。

三维空间包括室内外的地面、墙面和空间,教师应尽可能地利用这些空间为幼儿提供接受各种知识或信息刺激的机会和条件,以促进幼儿无意识学习的能力,在幼儿园的一日生活中,不知不觉地接受熏陶、吸收知识。

(1)在室内外的地面可画上各种图形、迷宫(图1-11、图1-12),涂写上颜色或数字、字母。增加幼儿接受信息刺激的机会和供幼儿游戏使用,并通过游戏巩固学过的知识或得到某方面的锻炼。

图1-11

图1-12

(2)空间布置通过在空中吊挂各种具有教育性和装饰性的物品来实现,而且更换方便。一年当中有许多节日,而且有的相距时间较短,其布置花费时间较多,用空间布

置去配合节日的主题教育是最好不过的了。例如中秋节的灯笼，国庆节的国旗、国徽，等等。

（3）除墙面布置外，还可在室内外开设绘画区、拼图区、自然风景区、作业展览区、天气记录区等，充分发掘可操作性强的布置形式，并根据教育需要灵活更换用途或内容。

2. 合理布局，发挥环境的综合功能

要重视各活动区域之间的相容性。相容性是指在规划活动区时要考虑各个区域的性质，尽量把性质相似的活动区安排在一起，以免相互干扰。美国学者布朗把活动区的性质描述为静态、动态、用水、不用水等特性，并把活动区分为四大类：第一类是静态、用水的，包括自然区、手工区、美工区；第二类是动态、用水的，包括玩沙区、玩水区；第三类是静态、不用水的，包括图书区、数学区；第四类是动态、不用水的，包括音乐区、娃娃家、积木区。因此，教师应尽量把性质相似的活动区放在相邻的位置，如把安静的以阅读活动为主的图书区和以动脑子为主的数学区放在一起，把以操作活动为主的积木区和娃娃家放在一起，等等。同时还要注意：需要用水的活动区应靠近取水处，自然区和图书区等需要明亮光线的活动区应靠窗户，等等。

3. 多功能化，提高环境的使用效率

在环境创设中要善于打破思维定式，尽可能实现一地多用、一室多用和一物多用，充分发挥环境的综合功能和内在潜能，努力扩大现有环境的利用效率。

 五、幼儿园环境创设的基本程序

（一）了解环境的类型、特点及用途

幼儿园环境有多种类型，有室内环境、室外环境，有生活环境、学习环境和游戏环境等，不同类型的环境特点不一样，功能不一样，创设的方式和重点也不一样。在环境创设中，教师要先区分环境的类型、特点和用途，进而有针对性地、科学地加以创设。如睡眠室是生活环境，是幼儿睡觉的场所，所以应以安静舒适为原则，房间色调以浅色为主，摆设要简单，要有足够通风的窗户，并配有深色窗帘等，为幼儿睡觉提供良好的环境。

（二）明确环境创设的目标、内容及形式

幼儿园环境创设是一种有目的、有计划的活动。无论是整个幼儿园的综合环境布置，还是一个班活动区的设计，都要有明确的目标。否则，会导致每天、每周、每月，甚至每星期的环境布置都没有明确的方向和重点。在动手创设之前，要尽量弄清楚：建立怎样的环境，达到何种目的，布置的环境会对幼儿产生怎样的影响。

以区域环境为例，区域是教师有意识、有目的地为幼儿的游戏和学习活动创设的设计多种智能领域的环境，如幼儿园常见的语言学习区、生活动手区、科学探索区、结构建造区、艺术表现区、玩沙玩水区等，这些区域的目标是不一样的：语言学习区是为了发展幼儿的语言表达能力，艺术表现区是为了培养幼儿的艺术感受力和表现力，所以各区域环境

的内容和形式也不相同。

（三）分析现状并规划环境空间、设计材料

现状包括幼儿的现状和环境的现状。幼儿的现状包括幼儿的年龄特征、本班幼儿的特点、幼儿本阶段的需要和发展水平；环境的现状包括现有的设施设备、场地面积、环境利用情况和问题等。通过对这些问题进行分析，来规划环境和设计材料。

（四）创设环境并观察、记录环境的效用

根据环境规划创设相关环境，并注意观察、记录幼儿在环境中的表现和环境的利用情况，在动态中不断调整、完善环境创设。

（五）评价与改进环境创设

创设的环境是否成功，通常要通过检查、评价来判断。幼儿园环境的评价是一个复杂的概念，有极其丰富的内涵，涉及诸多方面，如环境外观是否能充分体现内在功能，物质材料搭配是否合理协调，是否体现一定的教育观、儿童和时代审美观，幼儿在环境中的活动状况如何，等等。

检查、评价是为了掌握方案的执行情况，以便及时发现环境中存在的问题，并做出相应的调整。

（1）及时性调整。一旦发现环境中的安全隐患，就立即进行调整。

（2）弥补性调整。发现环境中的某些不足或缺陷，应设法采取弥补措施，以便更好地发挥环境的功能。

（3）经常性调整。有的环境布置不是一次就能完成的，必须不断地进行动态性调整，以保持环境的舒适、美观和新颖。如活动区使用过一段时间后，教师就需要根据计划进行调整或更新，拿走一些旧材料，增加一些新材料。

（4）功能性调整。把构成环境的诸要素重新进行有机、适度的组合，以充分发挥环境的各种功能，提高环境的利用率。

第二节　幼儿园环境创设的基本原则

环境创设已经成为当前幼儿园教育领域的一个焦点问题，近年来得到了多方的高度重视，幼儿园环境创设相较于以往有了很大改善，但当前幼儿园环境创设仍存在一些问题，主要表现为"五重五轻"：①重观赏，轻教育。只图表面上的漂亮、花哨，而忽视了环境的文化内涵和教育意义，环境创设千篇一律，没有明确具体的教育目的。②重教师，轻幼儿。环境创设教师动手多，孩子动手少；从成人角度出发多，从孩子角度出发少。③重购置，轻创造。墙饰材料、教具玩具、室内设施外面买的多，自己做的少；成品材料多，半成品材料少；高档次材料多，废旧材料少。④重静态，轻动态。环境设计静止不动的多，活动的、可更换的设计少。⑤重物质，轻精神。只看重幼儿园物质环境的创设，忽视了人际关系的建设，忽视了师德师风的培养，忽视了园风班风的形成。这些都极大阻碍了环境

对幼儿发展的促进作用。

幼儿园环境创设需要因地制宜，因园而异。因此，各幼儿园的环境创设具有较大差异性。虽然幼儿园环境创设与管理具有一定的地域性和差异性，但是为了提高幼儿园环境的实效性，各地幼儿园在创设环境时需要遵循一些基本的原则。

一、安全性原则

安全性原则主要是指幼儿园的园舍建筑、设施设备、活动场地、教玩具等有形的物质条件必须符合国家的安全卫生标准，对幼儿的身体和心理没有危险和安全隐患，以及不造成幼儿畸形发展。幼儿缺乏必要的知识和经验，自我保护能力差，所以在环境布置时一定要把安全放在第一位。在一个安全的环境中，幼儿的生命及发展才能得到保证。创造一个幼儿成长与学习的安全环境是最基本的原则。

在创设安全的幼儿园环境时，教师必须顾及幼儿身心两个方面。心理安全是指要让幼儿感到自己是受欢迎、受尊重、受信任的，能够得到爱和感到温暖；身体安全必须注意环境中明显或潜在的会对幼儿身体造成伤害的因素。

（1）关注幼儿的心理安全，要营造一种轻松愉快的人际氛围，让幼儿能深切地感受到教师是很关心和爱护他的，让幼儿能在幼儿园得到大家的尊重和喜爱，感受到像在自己家里一样温暖；否则，会对幼儿的心理造成很大伤害。

案例十一

因为是大舌头，东东没上小班，4岁半就直接上了中班。谁知第一天上幼儿园，只因一声"老西袄"（老师好），教师就笑得眼泪都快出来了，其他小朋友更是一边模仿一边嘲笑。这孩子本来就性格内向，当场就满脸通红，很难为情。后来发展到见老师就躲，不愿意和同伴交往，每天都不说话，性格越来越孤僻，到最后，干脆不肯上幼儿园了。

（2）关注幼儿身体的安全，要及时消除幼儿园中的一些安全隐患，如幼儿园内的房舍和所提供的大型玩具应定期检修；活动材料不能有尖角；电源开关、插座应安装在幼儿够不着或不容易接触的地方，并且要加上防护罩。注意物品摆放的位置是否合适，还要注意创设材料对幼儿是否容易造成伤害，如用废旧物品制作的玩具是否会对幼儿造成伤害，安排的场地空间是否会让幼儿感到压抑。另外，还要教育幼儿不要接近危险的地方，如电源插座、电线等。最重要的是，幼儿园全体教职员工要时时处处把安全放在首位，要经常开展各种活动，寻找既寓教于乐，又能提高幼儿自我保护意识的方法和途径。

图1-13和图1-14所示为幼儿园内典型的具有安全性的软包圆角设计。

第一章　幼儿园环境创设的概述

图 1-13　　　　　　　　　　　　图 1-14

案例十二

2004 年 8 月 10 日上午 9 时，河南省济源市克井镇后沟村村民苗新私自开办的幼儿班房屋突然倒塌，导致 39 名幼儿被掩埋，其中 2 名幼儿经抢救无效死亡，28 名幼儿受伤。据查，发生房屋倒塌事故的幼儿班使用的房屋是村里废弃的小学的旧房，属于危房。

二、适宜性原则

适宜性原则是指幼儿园环境创设要符合幼儿的年龄特征及身心健康的需要，能促进每个幼儿全面、和谐地发展。

幼儿正处在身体、智力迅速发展以及个性形成的重要时期，有多方面的发展需要。幼儿园环境创设应与幼儿身心发展的特点和需要相适应。如：幼儿天性好奇，有强烈的探索愿望，教师就应为幼儿创设问题情境，使幼儿能学习发现问题、解决问题的方法，提高思维水平和动手能力；幼儿需要阅读，就应提供各种各样的图书，开阔他们的眼界。教师要根据幼儿身心发展的特点与需要，提供多层次、多方面的教育内容与教育条件，既有利于幼儿的生理发展，又有利于幼儿的心理发展；既有利于幼儿智力因素的培养，又有利于非智力因素的培养；既有利于幼儿各种知识经验的积累，又有利于幼儿各种能力的培养。如：小班幼儿喜欢玩平行游戏（即幼儿各玩各的，彼此玩的游戏相同），提供的玩具就应该同品种的数量多一点；中、大班幼儿玩象征性游戏的水平较高，提供的玩具材料可以是一物多用的。此外，幼儿的小肌肉动作发展较差，可提供穿珠、拼插、剪贴等方面的材料，让幼儿进行练习；有的幼儿大肌肉动作发展差，就提供脚踏车、攀登架等，让幼儿进行练习。如图 1-15 所示。

图 1-15

幼儿的身心特点和发展需要会随着年龄增长而发展变化，因此环境创设不是一次就可以完成的，它是一个"设计→实施→修正→再实施→再修正"的螺旋式发展过程。因此，环境创设是一个动态的过程，需要根据孩子的兴趣、发展、需要、课程内容的不断深入、主题的更换，以及季节、节日的变化等有的放矢地变化环境，让环境更好地为孩子成长服务。

总之，环境必须适合幼儿的年龄特征，适合幼儿的身心发展水平，适合幼儿兴趣、能力、学习方式等方面的个别差异，否则环境的教育性将成为一句空话。这要求教师：一是要对幼儿身心发展的特点有透彻的了解，既要了解一般特征，又要了解个别差异；二是对构成环境的各种因素的教育和发展价值有充分的了解；三是具有灵活的调控环境的能力，这样才能让环境不断地满足每个幼儿的需要。显然，发展的适宜性要求环境中的人际关系是宽松、和谐、自由的，且物质材料具有多样性、活动性、安全性。即幼儿能在环境中轻松愉快、安全地进行多种多样的活动，能根据自己的水平或特点自由地选择不同水平的活动，能用多种方法进行某一活动，等等。

三、教育性原则

教育性原则是指环境要为幼儿园教育服务。著名教育家蒙台梭利说过："在教育上，环境所扮演的角色相当重要，因为孩子从环境中吸收所有的东西，并将其融入自己的生命之中。"幼儿园环境是幼儿园课程的一部分，是实现幼儿园教育目标、促进幼儿全面发展的途径与手段，教师要充分发挥环境的教育功能，以达到促进幼儿全面发展的目的。过去有的幼儿园虽然也重视环境创设，但很大程度上只是追求美观，为的是布置环境，或者只是盲目地提供材料，对环境的教育性考虑很少，这是应引起教师注意的问题。要贯彻环境的教育性原则，应该考虑以下几点：

（1）环境创设要有利于幼儿身心的全面发展。幼儿园教育的目标是促进幼儿的全面发展,因此,在环境创设时对幼儿体、智、德、美的教育就不能顾此失彼。若教师仅仅注重幼儿的认知活动,设置读、写、算等区域,而缺少幼儿健康、社会、审美教育等环境;或者在创设发展幼儿社会性的环境时,只提供培养幼儿社会认知的环境,而对幼儿社会情感、社会行为发展的环境考虑很少,等等,这些都不利于幼儿的全面发展。

(2)依据幼儿园教育目标对环境设置做系统规划。在制订学期、月、周、日及每一个活动计划时,当教育目标确定后,应考虑:为了达到这些目标,需要有怎样的环境与之配合?现有的环境因素中,哪些因素对教育目标的实现是有用的,可以利用,哪些环境因素是要创设的?需要幼儿家庭、社区做哪些工作?等等,应将这些列入教育计划并积极实施。

(3)尽可能地挖掘和利用日常生活中现有环境中的教育功能,让环境"说话",使所创设的环境真正与孩子发生互动,对幼儿进行生动、直观、形象的教育。

案例十三

某园根据主题、游戏、生活等教育目标来创设墙面环境。如这学期着重对幼儿进行自理能力的培养,教师就在墙面环境中创设了"小手本领大"的内容,让幼儿根据自己学会的本领,在墙面相应位置贴上笑脸给予鼓励,用照片介绍正在学的本领、将要学的本领,帮助幼儿理解学习。又如开学初为了使幼儿尽快熟悉新老师、新朋友,对新的环境感到亲切熟悉,教师布置了"朋友见面真开心"的墙面环境。在整个教育活动过程中,教师根据主题的变化,创设了"香香的树""幼儿园——我喜欢的地方""欢迎秋天""幼儿园里的动物""新年心愿"等墙面环境,始终注意到环境创设内容与教育目标内容的一致性。

四、参与性原则

参与性原则是指幼儿园环境创设的过程是幼儿与教师共同参与合作的过程。幼儿是环境的主人,幼儿园环境的创设应尊重幼儿在环境的设计、支配和管理方面的主体地位。《儿童权利公约》中指出:儿童有权利参与与自己生活密切相关的活动。环境创设的参与性原则就体现了这一精神。教育者要有让幼儿参与环境创设的意识,认识到幼儿园环境的教育性不仅蕴含于环境之中,而且蕴含于环境创设的过程中。

在幼儿园环境的创设中,有人认为幼儿年龄小,不会做事,与其让他们参与环境的创设,不如教师直接创设,既省事,又能保证质量。其实这是一种很片面的理解,让幼儿积极参与幼儿园环境创设的过程对幼儿能力与情感的发展有非常积极的作用。如在环境创设之前,幼儿会动脑去思考:需要布置什么内容;需要装点成什么颜色;需要哪些材料;材料怎么搭配等问题。这些问题的呈现和解决能充分调动幼儿思维的积极性,在思考的过程中既能发展幼儿的主体意识,又能培养幼儿的主体精神。在环境创设过程中,幼儿会思考如何更好地完成任务,对培养幼儿的责任心很有益。同时,具体的创设制作活动又能发展幼儿的动手能力,培养幼儿的合作精神(图1-16、图1-17)。

图 1-16

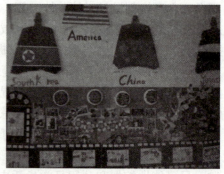

图 1-17

在参与环境创设的过程中，幼儿由单纯的倾听者变成计划者、参与者，能充分认识到自己的能力，意识到自己是环境的主人，人人出谋划策，人人都来承担自己的一份责任；能增强任务意识，真正展示和发展有目的地学习知识和技能的能力、分工合作、讨论、决策的能力和发现、解决问题的能力。

五、审美性原则

审美性原则是指环境的总体布局及所布置的物品都要符合幼儿的审美要求，要让幼儿从环境创设中感受美、体验美、创造美。从使用的材料、运用的色彩、构思布局几个方面入手，让环境给人以温馨、舒适的感受。

幼儿的世界应该是美丽的，在幼儿园，他们眼睛看到的每一处风景、每一个角落都应该是美的。因为幼儿时时刻刻生活在周边环境中，受着潜移默化的影响。一种经过精心修饰又不露痕迹、源于自然的美，让他们的眼睛在纯美的色彩的无数次浸染之后，变得懂美、爱美；让他们的双手在创造美的过程中，变得灵巧；让他们的心灵在无数次欣赏之后，变得纯净美好。

因此，幼儿园环境创设首先应给人以美的感受，如室内、室外墙饰画面的人物或动植物要形象逼真，色彩搭配要协调，布局要合理，所有创设内容都应富有儿童情趣，以培养幼儿的审美情趣（图 1-18、图 1-19）。

图 1-18

图 1-19

第一章 幼儿园环境创设的概述

（一）幼儿园环境在色彩上，要给幼儿以美的视觉享受

幼儿园中的图画色彩宜单纯、接近自然，这样的色彩能令单纯的孩子们产生丰富的想象：广袤无边的绿色草原，茂密的森林，辽阔的蓝天，飘浮的白云，蔚蓝的海洋和可爱的小动物们。这些单纯源于自然的色彩，能使阅历短浅的幼儿产生共鸣、易于理解，便于他们欣赏、借鉴、表现。幼儿喜爱明快的色彩对比，活泼好动的幼儿从中可以感受到色彩变化的节奏和共振。在为幼儿创造色彩对比、跳跃的同时，应考虑画面的整体美，采用较大浅色块支撑，可使画面既有局部美的变化，又有整体协调感，使环境更艺术化。

案例十四

在主题为"我要上小学了"的墙饰布置中，教师采用了浅蓝色的色块，上面设计了绿色的草坪、幼儿自己绘画的一棵棵排列整齐的翠绿色的小树、鲜红的国旗、七色的太阳，以及穿着五彩缤纷服装的在进行课间活动的小学生，画面非常协调，色彩也非常和谐。

案例十五

在主题为"茶"的墙饰布置中，教师在室内以绿和紫砂两种颜色为主：绿的茶园，孩子们在采摘茶叶；在"陶吧"里，孩子们用泥土塑出各种各样的茶壶、茶杯。一走进这个教室，就给人一种清新雅致的感觉，色彩非常柔和。

（二）幼儿园环境装饰中的造型要符合幼儿的审美特点

幼儿园环境中的绘画造型应有自身的特点，即符合幼儿的审美特点，这样才能感染幼儿。圆浑、敦实、稚拙、简单的造型最能吸引幼儿，因为尚未完全走出视觉模糊阶段的幼儿，对圆浑的造型能淋漓尽致地感知；敦实、稚拙的模样会令他们产生更多的关注和怜爱；简单的美术造型能让注意力不持久的幼儿较快地感知。设计的作品在造型上如果有一些出彩之处——一些幽默、活脱的细节，例如滴着口水的舌头、露着的大门牙、小得不能再小的豆眼、张嘴的大头靴等会令孩子们久久不愿离去。同时，由于造型简单，绘画起来相对容易，更适合幼儿园的环境布置内容多、更换周期短的现实（图1-20、图1-21）。

图1-20

图1-21

第三节　幼儿园环境创设特色案例与分析

和美养人——武汉市开发区育才实验幼儿园环境创设简析

本着"精心育才，奠基未来"的办园思想，武汉开发区育才实验幼儿园（图1-22、图1-23）着力构建"和美养人"的园所文化，尽心培育向美向善、敢于创造的幼儿，培养积极向上、合作创造的教职工队伍。

图1-22

图1-23

十几年来，武汉开发区育才实验幼儿园始终将"美术"作为办园特色，不断摸索，不断沉淀，以开启幼儿审美知觉为宗旨，以激发幼儿内在创造力为己任，在《纲要》《3~6岁儿童学习与发展指南》的指导下，打造出"心智美育"的美术特色课程。此课程从幼儿生活、教育活动、名画欣赏、环境创设等多方面入手，让孩子、老师和家长都沉浸在"美"的世界里。

主要表现在：

（1）从幼儿角度出发，突出环境创设的审美性。孩子的审美观是具有明显直观性的，他们依赖自己看到的、听到的和接触到的直观事物，通过视觉产生心灵的归属感、亲切感、舒适感和喜悦感，所以要拉近孩子与艺术的距离，促使孩子用美的眼睛看世界，用善的心灵创造世界，用真的情感感受生活。这是幼儿园在环境创设上的使命。

（2）以幼儿为环境创设主体，体现环境创设的参与性。武汉开发区育才实验幼儿园环境创设的主体是孩子，所以在整个幼儿园中，满眼都是孩子的作品，这些作品的载体就是孩子们生活中随处可见的东西。孩子们通过美术教学、美工区操作、美术造型活动等，将废旧的椅子、日常穿的鞋子、吃饭的盘子等创造成富有自己想法的艺术品，将这些艺术品布置幼儿园的大厅、走廊、过道……无论在幼儿园哪里，环境都是他们自己的，都是美的。

（3）重视幼儿与环境的互动，关注环境创设的教育性。强调幼儿的游戏性体验，在教师隐性引导的前提下，根据幼儿的发展需要，帮助幼儿积累美感经验，创设丰富的环境与各种机会让幼儿接触美术作品与活动，使幼儿的表现技能逐步成熟，使幼儿能较为确切地运用图式符号表达自己的认识，充分展现自己的个性。在身心获得满足的基础上，促进幼儿创造力的发展，这就是环境创设中孩子们表现的基础。

（4）提高幼儿的环境创设技能，注重环境创设的适宜性。在环境创设的过程中，孩子们的表现需要生活经验和技能做载体，所以在美术活动中应顺应幼儿的年龄特点，向幼儿传授一些粗浅的美术知识，同时渗透各领域知识，努力把美术知识与其他知识相融合，使幼儿获得较为系统、完整的新知识，促进幼儿的各种能力在原有水平上有所提高，让幼儿得到自我满足，树立自信心。

（5）打造园本特色，体现环境创设的个性化。一直以来，武汉市开发区育才实验幼儿园始终将环境的艺术创设作为美术特色课程的内容之一，老师们不断进行观察、研究、调整，使幼儿在无声的教育环境中接受美的熏陶，获得美的感受，提高美的鉴赏力。

图1-24～图1-34是武汉市开发区育才实验幼儿园一些有代表性的环境创设点。

"艺术很难吗？"是美术欣赏的活动之一，通过该环境创设架起艺术大师与孩子之间的桥梁。孩子们通过欣赏大师的作品、观赏大师作画方式、表现大师作画风格，以游戏的方式，把大师的作品"变了戏法"，自己就是"艺术大师"（图1-24）。

图1-24

游戏是孩子学习的手段，他们选择自己喜欢的色彩在画板上涂鸦，然后用滴管将酒精滴洒在涂鸦上，产生的变化让孩子们惊奇，出现了不同色彩的"泡泡"，孩子们能一起数"泡泡"、一起认颜色（图1-25）。

图1-25

"昆虫变大了，我们变小了"，孩子们可以趴在"昆虫"上给它们画图案，点、线、面的融合，有了"昆虫"做载体，一点也不枯燥（图1-26）。

图1-26

小朋友看看这些损坏了的小椅子，它们被大班的哥哥姐姐画上线条、涂上色彩，最后变身成"艺术金刚"，守护着幼儿园大厅，教育我们要爱护班级里的物品（图1-27）。

图1-27

第一章　幼儿园环境创设的概述

"我有一个梦想",是什么呢?——是吃不完的棒棒糖,是漂亮的纱纱裙,是我的白日梦!图1-28所示为小班孩子们的拼贴,爸爸、妈妈和老师,你们能读懂吗?

图1-28

"我的滑板鞋,时尚、时尚、最时尚!"大班孩子的表现能力强,只需选择生活中的载体,他们就能用自己的想象把载体变个模样,放在幼儿园的任何一个空间,都会是他们津津乐道的话题(图1-29)。

图1-29

"我们都是孩子"是美术造型系列活动,首先,家长回忆了自己的孩童时代,想起了童年时的美好和梦想;其次,是亲子的系列互动,孩子们说出了自己的梦想,和家长共同完成乐高拼搭,体验亲子关系;最后,用超轻的黏土进行人物创作。作品陈列在楼梯过道的落地窗前,阳光透过黄色的幕布映照在小小的人儿上,告诉所有人:我们都是孩子,但我们都能发光!如图1-30所示。

图 1-30

楼梯过道的拐角是大、中、小三个年龄段孩子的作品组合区（图 1-31）：小班孩子为瓶子穿上了五彩的"衣裳"；中班孩子在马蒂斯作品的影响之下，剪贴出自己的想象；大班孩子制作出各种不同的向上走的小马。将不同年龄的孩子的作品组合在一起，供孩子们散步时讨论，供家长路过时欣赏。

图 1-31

小班好玩的扎染是幼儿园常上的美术课,扎染之后呈现的则是老师们的成果,通过拼贴、组合,点缀上珍珠、荷叶,以麻制篓为底衬,使整个作品和谐、优美(图1-32)。

图1-32

购买合适的青花瓷盘子挂在幼儿园转角处的墙面上,整个空间的视觉效果就瞬间增强了,孩子下楼梯时就能欣赏中国的文化之美;富有古风的座椅,既能用来摆设孩子们稚嫩的陶艺作品,又能供家长休息、等待(图1-33)。

图1-33

美术材料的多种运用，是武汉市开发区育才实验幼儿园环境创设中的一大亮点。孩子们用立体造型颜料，模仿大师达利的方块进行涂抹上色，色彩可以融合、覆盖。作品完成后呈现出立体的效果，既有色彩的探究性在其中，又能切身观察物质的变化。创造美的环境如此有趣。如图1-34所示。

图1-34

总之，在幼儿园的教育活动中，环境作为一种"隐性课程"，是幼儿每天所接触的，幼儿的身心发展、社会化发展以及个性发展无一不受到它的影响。幼儿园的环境创设要强调"美化、绿化、净化"，它是幼儿与环境互动的结晶。幼儿园的环境创设应以幼儿发展的需要为目的，充分发挥幼儿的主体作用，调动幼儿参与的积极性，引导幼儿与环境积极互动。每一个幼儿园都有自身发展的优势，树桩、轮胎、原木也是环境创设的材料，充分利用这些资源，发挥自己的优势，才是正确的环境创设理念，才能促进幼儿发展。

本章主要对幼儿园环境创设的基本原理做了一个简要的介绍，主要帮助大家明确幼儿园环境的概念、特点、教师在环境创设中的作用，以及环境创设的基本原则，旨在帮助大家树立一个正确的幼儿园环境观，了解幼儿园环境创设的基本原则，对学习后面具体的各类环境创设内容起一个铺垫的作用。

课后练习

1. 什么是幼儿园环境？它具有哪些特点？
2. 结合实际分析教师在幼儿园环境创设中所起的作用。
3. 幼儿园环境创设的基本程序是什么？
4. 参观一所幼儿园，并用幼儿园环境创设的基本原则分析该园环境创设的整体状况或局部状况。

上 篇

幼儿园班级环境创设

第二章　班级环境创设概述

学习目标

1. 理解班级环境创设的概念、班级环境创设的内容以及班级环境创设的重要意义，学习并运用相关的策略开展环境创设工作。

2. 乐于积极思考班级主题环境的创设，愿意结合练习在同学面前大胆表达自己的设计思路。

3. 能够掌握班级环境创设的策略，巧妙地运用物质环境和精神环境的创设技巧，选择、设计、布置班级主题环境。

案例导入

随着雨季的到来，我们开始了"伞花一朵朵"的主题教学活动。教师提供了各式各样的伞，白色的油纸伞成了幼儿进行艺术创想的天地；五颜六色的饮料装饰伞和幼儿一起玩起了排序游戏；美丽的小花伞成了幼儿表演舞蹈的道具；而在语言学习区，幼儿正在津津有味地讲述着自己制作的小书"伞的成长日记"；户外活动中，幼儿在彩虹伞里钻爬、蹦跳，欢乐无比……班级的每一个角落，都呈现着伞与幼儿的积极互动。

幼儿园班级主题环境的创设，应与主题教育的目标相呼应，满足幼儿生活、学习、发展的需要。教育工作者在班级主题环境创设的过程中，应该思考：布置的环境到底能够发挥怎样的教育价值？这样的环境如何为幼儿提供发展的机会？如何让不同的幼儿在与环境、材料互动的过程中，都能获得成功的体验？能为幼儿提供哪些探索和创新的机会？如何引领幼儿在环境中实现自我发展？等等。

第一节 班级环境创设的整体布局

一、班级环境创设的内容

（一）班级环境创设的概述

幼儿园班级环境的创设包括班级物质环境的创设和班级心理环境的创设。瑞士心理学家皮亚杰认为，人的潜力行为就是适应能力，环境是影响儿童发展的最重要的因素之一。例如：厕所洗手池上张贴"六步洗手法"的图片（图2-1），幼儿在洗手时，可以根据画面的提示，在反复模仿的过程中，学习正确的洗手方法，形成良好的卫生习惯。又如：教师将幼儿教学活动中的调查表布置到班级环境中，幼儿通过自我表达、相互交流、知识共享，提高认知能力、语言能力以及与同伴的交往能力。只要班级环境的创设具有明确的目标性和指向性，就可以影响和促进幼儿的认知发展。

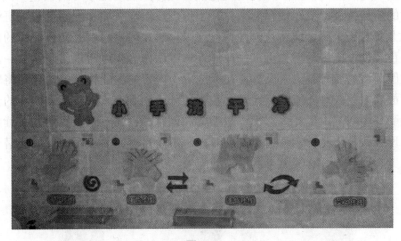

图2-1

《3~6岁儿童学习与发展指南》指出："幼儿社会领域的学习与发展过程是其社会性不断完善并奠定健全人格基础的过程。人际交往和社会适应是幼儿社会学习的主要内容，也是其社会性发展的基本途径。幼儿在与成人和同伴交往的过程中，不仅学习如何与人友好相处，也在学习如何看待自己、对待他人，不断发展适应社会生活的能力。"例如：教师利用班级走廊布置班级公约（图2-2），引导幼儿了解在班级中大家要遵守什么、教师期望什么、和同伴的交往是怎样的……幼儿在与大家共同遵守相关约定的过程中，形成责任意识。又如：在营造和谐温馨的班级心理环境的过程中，教师积极、温暖、友善的待人接物的行为和态度，能够潜移默化地影响幼儿，使幼儿在模仿学习的过程中，学会关心他人的情绪，用正确的方式和行为对待他人。良好的班级氛围有助于增强幼儿的归属感和安全感，促进他们良好社会性的形成。

图 2-2

幼儿感受环境的能力很强，环境的变化能够充分激发幼儿学习的兴趣。例如：教师可以结合幼儿的年龄特点、主题教育需求，在小班创设温暖、柔和的粉色系列班级环境（图 2-3），让幼儿具有安全感，缓解入园焦虑；在以自然为内容的主题教育环境的创设中，将绿色作为主色调创设班级环境，例如：设计森林、动物等环境情景，让幼儿一走进班级就能感受到主题环境的教育魅力。又如：在以昆虫为内容的主题教育中，教师将幼儿的昆虫折纸作品投放到主题教育环境中，让幼儿在参与环境创设、欣赏自己和同伴的艺术作品的过程中，感受环境的艺术美、色彩美、造型美和创意美，并不断激发幼儿继续创造美的能力。这样的班级教育环境既能营造出富有童趣、清新自然的活动氛围，又能潜移默化地提升幼儿感知美、理解美、欣赏美、运用美的能力。

图 2-3

幼儿阶段是创造力发展的关键期，班级环境是幼儿探究、学习和互动的重要平台。例如：在"小球溜坡"的区域操作实验活动中，教师为幼儿提供不同高度、不同材质的滑坡，幼儿通过自己的实验操作，运用自己的前书写符号，记录下自己的操作体验结果，并在主动分析结果的过程中，了解材质、高度与小球溜坡速度之间的关系（图2-4）。又如：教师在创设"蚕宝宝的一生"的主题墙时，只将出生时的蚕宝宝和变成蚕蛾的蚕宝宝的图片放在环境中，中间蚕宝宝成长的过程给幼儿空出来，鼓励幼儿在参与饲养蚕宝宝的活动中，观察蚕宝宝的生长过程，为幼儿提供互动、开放的环境空间，为幼儿的主动探索、自由表现、深入操作提供丰富的机会。在班级环境的创设中，教师还应鼓励幼儿积极参与其中，让幼儿在主动创设环境的过程中，获得学习的充实感和满足感；在积极探索的学习环境中，充分发挥学习的主动性、积极性和创造性。

图 2-4

陈鹤琴先生曾经说过："对小孩子来说，有怎样的环境，就得到怎样的刺激，得到怎样的印象。"例如：教师在班级环境中创设"想说的话"的心理区域，让幼儿在安静且隐蔽的私密空间中，发泄自己的情绪，等幼儿平静后，教师告诉幼儿怎样的行为是大家可以接受的，从而帮助幼儿学会恰当地表达自己的情绪。又如：班级幼儿成长栏的构建，显性的教育环境让幼儿真切地看到自己和同伴的进步，满足了幼儿情感发展的需要，也为幼儿建立自信心、萌生竞争意识奠定了良好的基础。健康、和谐、平等、友善的班级环境，有利于促进幼儿健康心理品质的形成。

（二）班级物质环境创设的内容

幼儿园班级物质环境创设是指幼儿园教师在一定的班级教育环境目标指引下，有目的、有计划地通过布置班级物质环境，营造理想的班级氛围。班级物质环境是幼儿园班级教育环境中最直观、最具外显性的环境部分，从幼儿学习特点的角度看，幼儿园班级物质环境创设的内容包括：室内空间布局（图2-5）、班级墙面布置（图2-6）、游戏材料选用、幼儿所能观察到的班级内其他的环境，如卫生间（图2-7）、盥洗室内的环境创设等，目的是通过环境的创设，更好地影响幼儿的活动，使环境产生积极的、有价值的作用。

图 2-5

图 2-6

图 2-7

1. 室内空间布局

室内空间布局是指教室内部空间的划分与利用。具体而言，它包括区域划分、区域划分标记、区域空间大小等方面。根据活动区种类设置、活动区的空间设计和布置、活动区活动材料的投放（材料的选择、管理、投放等）等几个方面进行布局。由于幼儿园小、中、大班幼儿的年龄特点不同，区角的布置是有很大差别的。小班的区角多以"娃娃家""蛋糕店"（图2-8）为主；中、大班会增加一些社会性角色游戏的区角，如"爱心医院"（图2-9）、"阳光超市"、"烧烤店"、"理发店"等，让幼儿扮演相应的角色，在游戏中锻炼幼儿交往、合作的能力。当然，每个年龄段都会有"图书区""自然角"等区角，只是投放的书籍、植物因年龄的不同而不同。

图 2-8

图 2-9

（1）关于班级活动区的空间布局。活动区空间布局主要从活动区的分隔、区域大小和区域安排等方面探讨。第一，可以在空间上挖掘延伸，利用活动室现有的空间，挖掘出更多的资源，比如，寝室、走廊、通道等地方经过合理改造，都可以拿来设置活动区，是班级活动区的一个延伸和扩展（图2-10）。第二，在空间上区域的数量和大小要适宜，"动区"和"静区"要避免相互影响。第三，要考虑活动区的开放与封闭程度，避免各个区在活动的过程中相互影响，而且要使各区域之间能够产生有效的互动。第四，要注重活动区创设整体上的和谐有序，如：色彩的选择、搭配和运用要符合幼儿的年龄特点和美学原则，地面、墙面以及立体空间之间能够相互呼应，分区、间隔、装饰与整个房屋的建筑风格要具有一致性，材料的质地、造型和空间结构方式在统一中又富有变化。第五，各活动区之间要有明显的标识，便于幼儿理解和操作（图2-11）。另外，在创设的时候还要讲究动态的变化与安全卫生，且不能够出现"死角"，即教师不能随时看到的地方。另有研究者认为，在设置活动区空间的时候，要考虑到活动区是否用水，将用水区域和非用水区域进行划分，这样便于幼儿活动，需要用水的以靠近水源为宜。

图 2-10

图 2-11

（2）关于活动区材料的选择与准备。活动区的材料对幼儿的发展有重要的意义，幼儿通过与材料的相互作用，获得感知觉、肌肉协调性以及社会交往能力和自我意识的发展。选择物质材料时应遵循三方面原则：应当有助于每个幼儿的发展；应该是无毒、美观、稳固、无尖锐棱角、容易保存、不易破碎的；为男孩和女孩提供同样的学习材料。幼儿园提供的材料，既要达成教育目标，又要满足幼儿的需要。材料应具有多功能性，尽量多给幼儿提供复合材料；为幼儿提供性质和功能相同，但难度不同的材料，这样既能满足幼儿发展的需要，又便于教师对幼儿进行指导；材料准备（数量、样式、种类、配置关系）要经常调整，且要符合卫生和安全方面的要求。另外，在选择和准备材料的时候，要注意结合幼儿园自身的特点，通过以下几个渠道进行：购买、教师和幼儿共同收集、请家长帮助收集、教师和幼儿共同制作等。如图2-12和图2-13所示。

图 2-12

图 2-13

（3）关于活动区材料的投放。材料投放的数量、类型和陈设方式都会对儿童的行为产生一定的影响，通过对材料加以控制，让幼儿自由选择玩具，我们发现，材料的类型会对幼儿的社会性行为产生影响。教师在活动区投放供幼儿自由操作、实验和探索的材料，可以增强幼儿行为的自由度和创造性。合理选择和投放有利于幼儿主动经验的建构和对周围世界认知的加深，是有效开展活动的前提和保障。

2. 班级墙面布置

班级墙面布置是指幼儿园班级环境创设人员对教室内部的墙面、地面及天花板进行装饰。幼儿园墙面装饰是校外人员参观时印象最直接、最深刻的部分，同时也是家园沟通的重要窗口。班级墙面环境的内容包括：主题墙面、作品展示墙、赏识栏、心理健康类环境、家园联系栏。

（1）主题墙面。将最近正在开展的主题内容在主题墙上呈现，以视觉、触觉刺激让幼儿进一步感知，在与同伴的交流过程中积累认知经验。如图 2-14 所示。

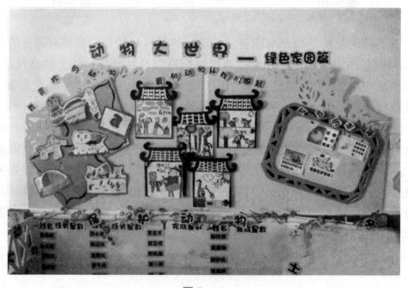
图 2-14

（2）作品展示墙。将幼儿的绘画作品放在幼儿随时都能看到的位置，在幼儿的欣赏过程中培养他们的审美情趣，为幼儿的成长保留一份珍贵的资料。如图2-15所示。

图2-15

（3）赏识栏。幼儿需要教师和同伴的鼓励和赞赏，对幼儿进行赏识教育也是目前幼儿园非常提倡的一种教育方式。因此，赏识栏是班级内必不可少的。小环境，大作用，让墙面说话，赏识栏会激励幼儿向更好的方向去努力。如图2-16所示。

图2-16

（4）心理健康类环境。教师在关注物质环境的同时，对幼儿心理健康同样不容忽视，应在班级内设立有关的心理健康环境。"今天，你开心吗"，每个幼儿都有一个标识牌，有正反两面，分别为笑脸和哭脸，早晨让幼儿自由取放，便于教师观察幼儿的情绪状况，及时和心情不好的幼儿进行沟通，让幼儿尽早拥有一份好的心情。如图2-17所示。

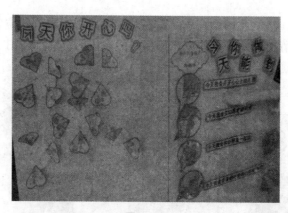

图 2-17

3. 游戏材料选用

游戏材料也称为玩具，是指在班级集体活动中或幼儿进行自由活动时，教师所提供的物质活动素材。已有研究表明，游戏材料的数量、种类、质地、性质等可以影响幼儿的游戏行为。在分析与选择幼儿游戏材料时，应从材料的大小、质地、复杂性、发展适宜性、文化适宜性、安全性等方面加以综合考虑。以此为评估导向，幼儿园在班级游戏材料投放这一环节具有以下特点：其一，游戏材料以表征性游戏材料和建构性游戏材料为主；其二，游戏材料的回收与保存涉及幼儿对于游戏规则与秩序建立的意识养成。

4. 卫生间环境

根据幼儿的年龄特点，从幼儿需求角度出发布置卫生间环境。如：小班的幼儿应学习上厕所时怎样脱裤子、穿裤子等，可用形象的图片来引导幼儿；对于中、大班幼儿，可以制定一些规则性的要求，如上完厕所记得冲水，讲卫生，小手洗干净，等等。

5. 盥洗室环境

幼儿洗手、喝水环节会在盥洗室中完成，洗手、喝水也是幼儿一日生活中多次重复进行的环节。因此，养成勤洗手、排队喝水的习惯是非常重要的。可以用图片的形式在盥洗室呈现洗手步骤，幼儿能一目了然地知道洗手"七步法"，让环境发挥最大作用。同时，在喝水的位置可以提示幼儿排队喝水、不拥挤，地面上用箭头标示出幼儿接好水后应站在相应的位置喝水，以免幼儿之间拥挤推搡等。如图 2-18 所示。

图 2-18

（5）家园联系栏。幼儿是教师与家长之间的纽带，而家园联系栏是家长与教师进行互动交流的一种方式。班级开展的教育活动、本周工作重点等都会在家园联系栏内张贴呈现，便于家长及时关注。此外，一些小通知、温馨提示、育儿美文等都可以在这里进行交流与分享。如图 2-19 所示。

图 2-19

（三）班级心理环境创设的内容

班级心理环境创设的内容主要包括心理氛围、人际关系和班级文化。

心理氛围是指组织内部以群体意识为主要内容的对组织、对工作、对内部人际关系以及对组织外在形象的认知和感受的综合反映。在这里，主要是指幼儿对班级、对学习、对教师、对同伴的认知和感受的综合反映。培养教师良好的心理素质和教育意识是营造班级良好心理氛围的先决条件，教师对班级的管理和态度，与幼儿之间的关系，以及自身的情绪、情感等都会对幼儿产生影响，对营造班级心理氛围起至关重要的作用。

人际关系是指人们在物质交往与精神交往中发生、发展、建立起来的人与人之间的直接的心理关系，包括亲子关系、夫妻关系、朋友关系、同学关系、师生关系、同事关系等，在这里主要是指教师与幼儿、幼儿与幼儿之间的关系。现在的师生关系是一种民主平等的新型师生关系，一方面，教师给予幼儿理解、尊重、关爱、保护、支持、理解、鼓励和肯定；另一方面，幼儿给予教师信任、尊敬、回应以及心理上的接纳。这样和谐的师生关系，能使班级产生轻松的气氛，使师生心情舒畅，共同形成良好的性格（图 2-20）。

图 2-20

幼儿园生活与家庭生活最大的区别就是开始出现与同伴之间的社会关系。幼儿与同伴的交往与合作,有利于发展友谊、提升在集体中的安全感,教师可引导幼儿在与同伴交往的过程中,形成凝聚力,最终使幼儿萌生集体意识,推动班级整体的发展(图2-21)。

图2-21

班级文化是班级群体文化的简称,是班级所有或部分成员共有的信念、价值观、态度的复合体(图2-22)。

图2-22

俗话说:"环境造就人。"一个班级的文化环境对儿童的熏陶是潜移默化的,对营造良好的班级氛围具有重要的作用。班级文化作为一种特有的教育力量,包括班级的风貌、班级的制度建设、幼儿的学习态度,以及幼儿的集体荣誉感等。它虽无形,却又无处不在,在"润物细无声"的过程中,使幼儿萌生对班级的责任感、自豪感和归宿感。

二、班级环境创设的特点

蒙台梭利说:"在教育上,环境所扮演的角色相当重要,因为孩子能从环境中吸取所有的东西,并将其融入自己的生命之中。"因此,教师在创设班级环境时,应把握特点,最大限度地发挥环境的教育功能,让幼儿在观察、操作、表现的过程中,潜移默化地获得健康发展。

(一)特点一:环境具有教育性

环境创设的目的是让幼儿潜移默化地受到影响,所以幼儿决定了环境创设的教育性特点。每个环境的创设都有教师的智慧蕴含其中,是为了让环境发挥最大的教育价值,让幼儿在操作、探索中发展各方面能力(图2-23)。

图2-23

(二)特点二:环境具有趣味性

幼儿对外部环境的认识主要是通过视觉、触觉和动觉三个方面建立起来的。有趣的空间环境可以吸引幼儿的注意力,激发幼儿的活动兴趣,促使幼儿在不断与之互动的过程中,较专注地开展自主学习活动,并获得成功感和满足感,从而建立愉悦的情绪和自信(图2-24)。同时,教师还要关注幼儿的活动过程,敏锐地把握住教育的契机,通过积极的情感回应,以恰当的方式支持幼儿通过亲身经历和体验获得学习的经验,为幼儿后续的发展奠定良好的基础。

图 2-24

（三）特点三：环境体现主体性

陈鹤琴先生关于幼儿园环境创设的主张认为："幼儿对通过自己的思想和双手所布置的环境会更加了解，也会更加爱护。"环境的创设、布置要体现"以幼儿为本"的原则，让幼儿以主人翁的身份参与到班级环境创设的整体规划中来，体现幼儿的思想和主张，让幼儿在创设班级环境的过程中，获得归属感和成就感。只有充分发挥幼儿的主体性，使幼儿更好地对环境中的事物进行认识和认知，才可使环境更好地促进幼儿的发展（图2-25）。

图 2-25

（四）特点四：环境具有互动性

互动性与环境创设的有效性是成正比的。只有实现教师与幼儿的互动、幼儿与幼儿的互动、幼儿与环境的互动，乃至幼儿园与家庭的互动，才能充分挖掘环境的教育意义与价值。在设计布置环境内容时，可设计难易不同的两部分内容，难的部分可由教师来操作，容易的部分在教师引导下请幼儿来操作。操作完成后，让幼儿充分与环境、与同伴进行互动交流，达到最佳的效果（图2-26）。

图2-26

（五）特点五：环境倡导本土性

在科技迅速发展的今天，社会环境对人类生活的影响是巨大的。在这样的发展过程中，教师更应该关注本土环境资源的开发与运用，使幼儿园的环境更具独特的魅力，同时也能够将中国的传统及地方文化渗透到幼儿的生活及发展之中。如：农村幼儿园可以挖掘现有的自然乡土资源，提供麻袋、麻绳、木条、木桩、木桶、竹梯等各种原生态的游戏材料，让幼儿在自主、自由的环境中生成各种游戏活动（图2-27）。

图2-27

（六）特点六：环境具有灵活性

幼儿是发展中的个体，因此，教师在创设班级环境时要随着幼儿的发展不断进行调整、变化，这样才能够真正满足幼儿的成长需要。第一，要随着幼儿的兴趣需要随时进行更换和调整。例如：小班的娃娃家，一开始，孩子们扮演爸爸、妈妈就很满足了，随着幼儿的发展，他们开始有了为宝宝做饭的需求，那么，环境就应该随之进行调整，增加小厨房的角色区域，以满足幼儿的自主发展。第二，要随着幼儿能力的发展及时进行调整。例如：大班操作活动"垒高"，一开始教师提供不同的物品，让幼儿在操作的过程中发现底面积越大的物体越稳定，越容易垒高；当幼儿的能力不满足此活动时，将活动内容调整为同一件物品如何能够垒得更高，增加操作的难度和挑战性。第三，要在操作的方式上进行调整和变化。例如：科学小实验"沉与浮"，一开始，孩子们的操作主要是观察和记录哪些物体会沉下去、哪些物体会浮起来。在幼儿有了一定的科学经验以后，教师可调整玩法，让幼儿思考如何让浮起来的物体沉下去、沉下去的物体浮起来，进一步提升幼儿的兴趣。第四，要根据主题教学活动的内容进行调整。一般一个学期要进行4~5个主题的学习，环境的灵活性要求主题墙的内容应随主题活动的开展及时更换，即一学期要换4~5遍。而在进行主题活动的过程中，教师也可将相应的操作渗透到区域之中，及时更换区域中的操作内容和材料，满足幼儿开展主题学习的需要。在灵活调整和变化的过程中，教师对幼儿与环境互动过程的观察与评价是十分重要的，只有正确把握幼儿的年龄特点，抓住幼儿的兴趣点和最近发展区，根据需要及时更换环境内容，才能够保证班级环境的创设不偏离教育目标。

三、班级环境的整体布局规划

在班级环境的整体创设和布置中，应将幼儿放在首位，从幼儿的认知发展和年龄特征出发，让课程的价值在幼儿与环境的互动中得到体现，把环境设计作为一种教育理念和课程模式的建构性要素。教师不仅要认真探索学习幼儿园的日常教育教学活动，同时也应把幼儿园环境创设作为一门重要的课程来学习研究。

（一）目标拟定

教育是幼儿生活的特殊环境，幼儿园班级环境正是教师根据幼儿当前学习与发展的需要和机会施加积极有效影响的载体，教师对环境有目的的选择与提炼将潜移默化地使幼儿的学习时间、空间和方式发生变化。目前，幼儿园班级环境的创设主要是围绕园所特色、班级文化、主题教育、幼儿发展需要来实施的。教师在规划班级整体环境时，首先，要思考幼儿发展的目标、班级人文目标以及主题教育目标，并围绕目标拟定环境创设的思路及方向，体现崇尚自然、关爱童心、理解童真、赏识童趣等理念。其次，环境的创设要彰显课程意义。学习环境是实施课程理念和目标的资源保障，创设学习环境是课程实施的一个重要内容。当班级环境的每一个细节都能较好体现课程理念与目标时，环境就是课程，环境就是老师。①

---

① 李俐. 幼儿园班级环境建设［J］. 学前教育研究，2009（8）.

（二）空间布局

1. 室内空间布局

室内空间布局包括区域设置、空间大小、区域摆放等内容。教师根据班级的整体空间大小和利用的有效性，可将班级分为：生活空间、学习空间、过渡空间。各部分的设计、分割、配置要安全、美观、合理。以图2-28为例：其设置巧妙地利用了四周，将中间较大的区域设置为幼儿的生活空间，四周则是幼儿自主学习空间，这样的设置充分运用了现有的班级空间，最大限度地优化了班级环境。

区域内容的设置要贴合教育的需要，不可太多，避免空间过于拥挤，不便幼儿操作；不可太少，否则无法满足不同幼儿自主选择的需要。一般应按照教室空间的大小，设置5~7个区域为宜。

区域安排上要注意动与静区域的科学安排，区域与区域之间用与幼儿身高相适宜的隔断隔开。例如：音乐区、体育区应与图书区、美工区等安静的区域离得远一些，中间可以利用结构区、生活区等进行过渡。

区域空间的大小可根据设置的入区人数来进行调控。最小的空间是为个别幼儿所设的安静区或隐蔽区；稍大一些的空间适合幼儿在小组群中活动，通过活动中的协商、竞争等行为，幼儿学会和别人分享、保护自己等社会行为；最大的空间称为"广场"，设在走廊或门厅，是幼儿园的中心地带，"广场"通向所有教室，不同年龄、不同班级的幼儿在此碰面交流、游戏追逐，是一个很自由的地方。

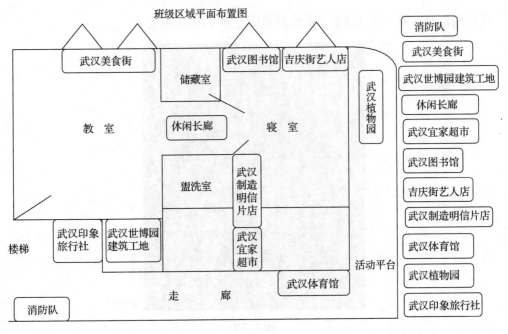

图2-28

区域空间的布局还可以根据幼儿的学习及整体调整进行更加细致的思考，可分为临时、短期、中期、长期的区域。例如：主题墙上的内容总是会根据主题的变化进行调整，因此，教师在设计时，可以使用插入式的设计，便于随时更换内容。

2. 楼梯、走廊、过道的空间布局

幼儿园楼梯、走廊、过道等空间的巧妙利用，能够大大提升幼儿环境的有效性和可变性。走廊采光好的幼儿园，可以设计一些橱窗，内容可以变化多样，如家长宣传栏、幼儿作品展示栏、幼儿开放式图书区域等（图2-29）。

图2-29

楼梯间比较隐蔽，可以设置成独立的私密空间（图2-30）。

图2-30

两个班级之间的过道，可以设置成共同的区域，让不同班级的幼儿通过一个区域产生交流和互动，发挥环境的社会性教育作用（图2-31）。

图 2-31

（三）材料投放

1. 材料的投放要关注幼儿年龄特点

各个年龄段的幼儿发展状况、发展层次、发展速度不同，兴趣需要也有所不同。因此，在投放材料时要考虑不同年龄段幼儿的差异性，为他们提供其喜欢的、乐于参与的、易于操作的、能够激起活动兴趣的材料。例如：在小班区域环境创设中，基于幼儿个人中心意识很强、好模仿等年龄特点，可以多投放一些同种玩具。再考虑到小班幼儿小肌肉群不够发达的生理特点，可为他们提供体积大的操作材料（图 2-32）。而大班幼儿动手能力强、思维敏捷，在提供操作材料时，要注重多样性和精密性，以满足他们探究和自主发展的需求（图 2-33）。

图 2-32

图 2-33

2. 材料的投放要体现层次性

幼儿的发展存在个别差异，因此，在投放材料的时候，教师要提前观察幼儿，分析幼儿最近发展区，充分了解材料所呈现的梯度是否适合幼儿的发展水平，是否需要增加或减少层次，尽可能满足幼儿发展的需求。

以角色游戏区域为例：小班一般会创设"娃娃家"，区域布置以温馨为主，并且会依据幼儿的实际生活经验，引导幼儿开展哄娃娃睡觉、给娃娃喂饭、给娃娃洗澡等情景游戏（图2-34）；到了中班，幼儿的能力增强，在与幼儿共同商量后，可创设"超市"角色环境，主要是让孩子在游戏中体验当不同角色的乐趣，以及了解这些角色的基本职能（图2-35）；到了大班，教师应继续调整游戏，将角色区域内的操作材料和美工区、科学区联系起来，"超市"里的物品可让幼儿在美工区制作，再拿到角色区域中买卖，增加收银员等角色，丰富游戏的内容，增强生活性和真实性（图2-36）。

图2-34

图2-35

图2-36

3. 材料的投放应具有目标性和探究性

由于区域活动是主题活动的重要组成部分，是在主题目标的指导下，教师有目的地引导幼儿开展的系列活动，因此，材料投放应具有目标性，要根据主题目标和幼儿的活动需求及时投放活动材料。如结合系鞋带活动，在生活区域让幼儿了解鞋带的不同穿法和系鞋带的方法，从而达到落实活动目标、促进幼儿动手及思维能力发展的目的。

探究性的材料不同于传统意义上的动手操作和简单的重复训练，需要幼儿将动手与动脑相互结合、相互促进。教师投放的材料必须在幼儿动手操作的同时引发幼儿积极的思维活动。以"有趣的瓶盖"为例：教师将各种各样的瓶盖投放到科学区中，设计瓶盖分分类

（图 2-37）、瓶盖瓶子对对碰、比多少等操作卡，鼓励幼儿在观察瓶盖和操作卡的基础上，自己动脑筋探索和发现瓶盖的不同玩法，并进行相应的操作记录。当幼儿的经验丰富以后，还会自己创造出其他的玩法，如瓶盖拼画（图 2-38）、瓶盖排序（图 2-39）等。

图 2-37

图 2-38

图 2-39

4. 材料的类别要体现丰富性

《纲要》指出："教师要提供丰富的可操作的材料，为每个幼儿都能运用多种感官、多种方式进行探索提供活动的条件。"也就是说，教师为幼儿提供选择的材料要丰富，使每个幼儿都有探索的条件和可能。如中班"编麻花辫"的活动，娃娃的头发由四种不同材质的线组成，分别为毛线、塑料绳、麻绳、布条，编麻花辫让幼儿在锻炼小肌肉灵活性的同时，感知不同材质的绳子编出的麻花辫的效果；如美工区，教师在有目的地投放创作材料的同时，还投放了较多的辅助材料，如蛋壳、瓜子壳、牙签、贝壳、毛线、雪糕棒等，以满足创造需要。围绕同一目标提供多种材料，让幼儿的思维不局限于一种材料进行操作，如果材料单一，幼儿完成后就很容易失去操作的兴趣。因此，因地制宜地提供足够多的便于幼儿操作的材料很重要。如图 2-40 所示。

图 2-40

第二节　班级主题活动环境的创设

（一）主题活动的概念

所谓主题活动，就是在一段时间内教师与幼儿围绕具有内在脉络或价值关联的中心内容（即主题）来组织的教育教学活动。

（二）主题活动的来源

1. 主题来源于现有的材料或内容

在"武汉市主题探究课程"中，"泥土亲亲""好玩的球"等主题设计就是源于对现有材料的思考，分别以泥土和球为中心内容，从健康、语言、社会、科学、艺术五大领域挖掘教育价值和教育内容，围绕主题目标完成主题教育活动。

2. 主题来源于日常生活或经验

具有一定知识储备和教学智慧的教师，能够与幼儿的需要、生活及已有经验接轨，设计具有价值的适宜的主题活动。例如：主题活动"信息知多少"就来源于生活，并将传统的信息记录与传递方式和现代的网络信息科学联系在一起，既让幼儿通过主题学习了解信息的来源与发展，又与幼儿现在的生活环境接轨。

3. 主题来源于幼儿的兴趣或话题

俗话说，兴趣是最好的老师。在幼儿的学习与发展过程中，抓住幼儿的兴趣点就抓住了幼儿发展的机会。例如：在种植区，班级种的黄豆最后结了果，长出了毛豆。孩子们都非常新奇，毛豆和黄豆一点都不一样呀？于是，关于"黄豆生长记"的主题活动就此拉开了序幕。

4. 主题来源于教与学的多样性

主题教学的内容是教师与幼儿在具体的、生动的、变动不拘的主题活动中共同建构、不断创造的结果。在主题开展的过程中，师生之间的互动，不断变化的主题活动目标与不断丰富的主题活动内容，这种教与学的多样性变化赋予了主题活动动态生成的特性。例如：在开展"泥娃娃"的主题活动时，由玩泥生成了"和泥巴"的科学活动，让幼儿在自主探究的过程中发现泥土失去水分会变干，干的泥只有加入适量的水，才能够进行泥塑活动等。

二、创设班级主题环境应注意的问题

问题1： 整体、周密、细致的布局与规划欠缺。

室内区域过于集中，动与静活动相互干扰。例如：有的幼儿园活动室很大，但缺乏合理规划，在走廊设置多个活动区，室内只有一两个，甚至没有活动区，导致活动时走廊"人满为患"，影响效果。有的幼儿园将表演区与阅读区相邻设置，活动时表演区的幼儿声音和动作幅度都较大，影响了阅读区的幼儿专注阅读。因此，教师在创设主题区域环境时，应考虑人、物和空间的因素，科学、合理地进行规划与安排，最大化地发挥班级空间的优势。

问题2： "师生共生"的教育理念彰显不足。

在幼儿园，幼儿是活动的主体，但教师为了省时、省力，在创设主题环境时不愿和幼儿多交流，就直接按照自己的目的和想法进行创设，而忽视了幼儿的感受。这样就失去了创设主题环境的真正意义。如果老师与孩子进行互动，一起讨论怎样设计墙面或地面，怎样设置"图书角""美术角""数学角"的环境装扮，要投入多少材料，需要多少人一起合作，会耗用多少时间等问题，既可以进一步了解孩子在环境创设方面所具有的心理特点，又可以缩短环境创设的时间，更可以提高孩子的动手和动脑能力。比如：创设"漂亮的衣服"这一主题时，教师可帮助幼儿搜集一些废弃材料，为幼儿提供一个舞台，让幼儿自己设计各民族的服饰。鼓励幼儿画出来、剪出来、贴出来，只有让幼儿成为主题环境创设的主人，才能让环境创设的价值真正体现在教育教学中。

问题3： 区域环境缺乏有效安排，使用率不高。

在幼儿园的一日活动安排中，对区域自主活动的安排明显不足，更多的时间还是用在集体学习活动中，虽然餐后都会安排区域自主活动，但时间比较有限，并不能保证幼儿充分地与环境进行自主互动，常常会把孩子的活动打断。因此，幼儿园在科学设置幼儿一日活动时，要考虑幼儿自主活动的需求，给予幼儿更多的活动时间和空间。

问题4： 常态维护不力，缺乏可行性制度。

大多数班级在创设主题环境时，刚开学时的第一次都会很精心地设计，投入大量的玩具和操作材料。可随着时间的推移、主题活动的开展，后期的更新与调整无法保证。一成不变的环境只会限制和阻碍儿童的发展。幼儿园环境创设应当紧跟时代的潮流，联系孩子的生活实际，让园内环境和园外环境保持一致，这样才能及时有效地捕捉孩子观察

事物的切入点和着重点。比如说，现在孩子对"奥特曼""喜羊羊"这些动漫形象的兴趣浓厚，在教学时，可以把这类形象搬到课堂上，让"奥特曼""喜羊羊"作为问题提出者，以牵动孩子解决问题的心理；也可以将"字宝宝卡片""奖励贴纸"用"奥特曼""喜羊羊"的形象代替，让这些静止的具体环境活在主题教育中，走进孩子的兴趣范围。另外，幼儿园关于环境创设的相关管理制度也应该跟上，以提升教师在环境创设活动中的执行力。

三、主题环境创设的思路

（一）观赏性设计和操作性设计

当创设班级主题环境时，需要幼儿用眼睛看、用手操作。例如，关于一周气温变化的主题墙，需要值日生记录当天的天气和气温状况，最后需要总结一周总的天气状况，这需要幼儿全感官参与（图2-41）。观赏性设计和操作性设计能够反映幼儿与主题墙的互动程度，调动幼儿与主题墙进行全感官互动，有利于幼儿理解墙面内容，最大程度地发挥主题墙的作用（图2-42）。

图 2-41

图 2-42

（二）记录式设计和展览式设计

记录式设计就是对幼儿学习过程或活动过程的记录。一方面，记录式有利于深入、连续地了解幼儿的变化和成长，使班级主题环境创设更加贴近幼儿的学习和生活；另一方面，也可以让家长了解幼儿在园的情况。幼儿可随时在"记录心情本"中记录自己的心情，是教师和家长了解幼儿的一种有效途径（图2-43）。展览式设计一般是将幼儿的绘画作品、剪贴作品、学习成果、照片进行展览，这一方面能增加幼儿的自豪感，另一方面也能使幼儿学会分享（图2-44）。

图2-43

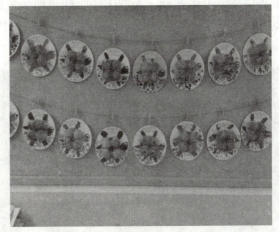
图2-44

（三）动态设计和静态设计

静态设计是指通过彩喷、彩绘等装饰墙面，由教师设计并且手工制作的，一般以一个月为期进行更换。静态设计一般造型美观、颜色靓丽、画面优美，但是由于长期不更换，易造成审美疲劳，对幼儿的影响也会逐渐减弱（图2-45）。动态设计让幼儿处于变化的环境中，不断吸引幼儿的注意力，引发幼儿的好奇心，增强幼儿与环境的互动。动态设计不仅注重对美与和谐的关注，注重展现幼儿园文化，而且更加注重环境对幼儿的吸引力，强调幼儿与环境的积极互动，重视幼儿的劳动成果在环境中的展现（图2-46）。

图2-45

图2-46

（四）坚持教育性与艺术性的统一

幼儿园班级主题教育环境创设实质上是人力、物力、财力、精力在教育上的投资。因此，幼儿园班级主题教育环境创设必须首先服从教育需要，良好的幼儿园班级主题教育环境创设就像一个运动的生命体，会随着幼儿的身心发展变化而做出相应改变，使幼儿在与环境的相互作用中健康快乐地成长。因此，幼儿园班级主题教育环境创设既要讲究内容与表现手法的合理性、艺术性、完美性，但又不能简单地一味追求环境形式的完美，更不能为此而限制幼儿的活动，否则无法收到预期的教育效果。如图2-47~图2-49所示。为了在幼儿园班级主题教育环境创设过程中做到艺术性与教育性的统一，幼儿园班级主题教育环境创设者们可以从以下几方面做出努力。

图 2-47

图 2-48

图 2-49

首先，幼儿园班级主题教育环境创设要体现流变性。一是班级主题教育环境创设过程中具体内容的周期性或非固定性的变化。如活动区角内容、墙面内容的变化，幼儿游戏材料的变换，室外活动时间的更改，等等，随主题活动的变化而变化。需指出的是，这些变化的依据可以是幼儿及相关人员对现有环境创设成果的评价，但更主要的应当是幼儿的发展需求，这是因为成长中的幼儿个体有无限的发展潜能，幼儿的发展成长是动态的，幼儿的发展需求也是动态的，所以需要通过环境创设满足其需求。二是丰富班级主题教育环境创设的表现手法。把当前以平面粘贴画为主的表现手法变为平面、立体相结合的表现形式，结合幼儿绘画及年龄特点，整合应用构图、色彩和造型三大要素并保持整体环境创设风格的一致（图2-50）。

第二章　班级环境创设概述

图 2-50

其次，幼儿园班级主题教育环境创设要与课程设计相呼应，展现教育活动主题（图2-51）。环境是课程设计与实施的要素之一，幼儿的认知、情感和社会性的发展始终来自和环境的相互作用，且幼儿与环境相处的方式也直接影响教育的质量。因此，从课程设计的总体观念到具体方案的实施，环境应该是教育者们所重视的因素。在环境创设中，教师若能把每一个创设和利用环境的细节与课程目标结合起来，明确增加、减少材料和设施的教育意义，预测环境对幼儿学习的影响，必将开创一条环境创设与课程建设相结合的课程改革之路。

图 2-51

最后，在幼儿园班级主题教育环境创设过程中应关注策略的有效性。一是教师要结合本班幼儿的年龄特点、活动兴趣、接受能力等因素选择适当的游戏材料，并恰当地使用，同时善于发现和捕捉生活事件中所隐含的教育价值，把握教育时机，利用环境刺激幼儿的探索欲望，帮助幼儿健康成长。二是在与幼儿交往中要注意方式的适当性，以幼儿能接受的方式提出意见或建议，注意言语信息及表情、动作等隐性信息给幼儿带来的影响，在维护幼儿自尊的前提下引导其身心健康发展，同时通过有效的策略来引导幼儿养成秩序意识，营造良好的教育环境（图2-52）。

图 2-52

第三节 班级心理环境的创设

一、心理环境对幼儿发展的影响

在2016年颁布的《幼儿园工作规程》中，增加和调整了关于幼儿心理健康及幼儿园环境创设的要求："第一条：为了加强幼儿园的科学管理，规范办园行为，提高保育和教育的质量，促进幼儿身心健康，依据《中华人民共和国教育法》等法律法规，特制定本规程。""第十九条：幼儿园应当关注幼儿心理健康，注重满足幼儿的发展需要，保持幼儿积极的情绪态度，让幼儿感受到尊重和接纳。""第二十九条：幼儿园应当根据幼儿的年龄特点指导游戏，鼓励和支持幼儿根据自身兴趣、需要和经验水平，自主选择游戏内容、游戏材料和伙伴，使幼儿在游戏过程中获得积极的情绪情感，促进幼儿能力和个性的全面发展。""第三十条：幼儿园应当将环境作为重要的教育资源，合理利用室内外环境，创设开放的、多样的区域活动空间，提供适合幼儿年龄特点的丰富的玩具、操作材料和幼儿读物，支持幼儿自主选择和主动学习，激发幼儿学习的兴趣与探究的愿望。幼儿园应当营造尊重、接纳和关爱的氛围，建立良好的同伴和师生关系。""第三十九条：幼儿园教职工应当贯彻国家教育方针,具有良好品德,热爱教育事业,尊重和爱护幼儿,具有专业知识和技能以及相应的文化和专业素养,为人师表,忠于职责,身心健康。"这些增改都表明了国家对幼儿身心健康发展的重视。

(一)班级心理环境的创设有利于幼儿适应班级的集体生活

幼儿进入幼儿园,就意味着他们已经踏出了人生的第一步,这一步关键且重要,他们从家庭走向了社会,这对每一个幼儿来说都是一种转折,这种转折往往是痛苦的。教师要为新入园的孩子做好全方位的准备,而心理上的准备又是至关重要的。

心理学研究表明,当幼儿产生了心理安全感,获得了心理自由时,就乐于和善于表达或交流思想与情感,能够关心同伴、团结协作、遵守班级的规则。因此,教师的首要任务是用自己的爱心、耐心及宽容接纳每一个幼儿,稳定幼儿的情绪。教师应为新入园的幼儿创设一个安全的、有序的、充满童趣的、家庭式的班级环境,帮助幼儿适应并喜欢幼儿园的集体生活,帮助幼儿克服第一次离开父母、家人的忧虑、紧张和不安情绪,使其形成安全感和信任感,帮助幼儿体验幼儿园集体生活的乐趣。①

(二)班级心理环境的创设有利于幼儿形成良好的个性,适应社会生活

幼儿社会化是个体社会化的初级阶段,并为个体进一步社会化奠定基础。

当幼儿适应幼儿园的新环境后,社会需要中对归属和爱的需要开始成为幼儿行为的主导动机,他们希望教师和同伴喜欢自己、接纳自己,在班级中有自己的位置。良好的班级心理环境创设能够为幼儿提供丰富的同伴之间共同游戏和学习的机会,有利于幼儿社会交往能力的发展。班级公约能够让幼儿在参与班级活动的过程之中,理解集体规范,适应集体生活。同时,在遵循幼儿个体成长规律和发展轨迹的基础上,通过幼儿易于接受的民主、科学的教育形式和方法,让幼儿在积极展现自我、获得成功和肯定的过程中,回归本质,发展品质,形成个性,成为独一无二的、全面发展的、自我认可的个体。

(三)班级心理环境的创设有利于幼儿学习能力的发展和学习品质的形成

心理学家罗杰斯认为:心理的安全和自由是促进能力发展,尤其是创造力发展的两个重要条件,在安全、自由的心理环境中,幼儿才能心情轻松愉快、无压抑感,并在与周围环境不断交互作用中得到发展。《纲要》提出:"幼儿园教育应尊重幼儿的人格和权利,尊重幼儿身心发展的规律和学习特点。"学习活动是教师和幼儿之间互动的活动,良好的学习氛围能够充分调动幼儿的学习积极性,发挥幼儿的主体作用,使幼儿真正成为学习的主人,让幼儿在亲自动手、动脑、动口,多感官参与活动的过程中,获得知识,提升能力,建立情感,在愉快和成功的体验中,保持积极主动的学习心态。

陶行知先生认为:"教育者的责任就是不辜负机会,能用千里镜去找机会,善用灵敏的手去抓机会。"因此,教师要学会观察幼儿,"用儿童的眼睛"与幼儿平等交流,站在幼儿的角度思考,用鼓励、支持和引导的方式,在宽松和谐的教育氛围中,呵护幼儿的好奇心和学习兴趣,让幼儿度过快乐且有意义的童年,为幼儿终身的学习奠定基础。

---

① 王劲松. 谈幼儿园心理环境创设[J]. 贵州教育月刊,2005.

二、良好班级心理环境的创设策略

《纲要》明确提出:"幼儿园应为幼儿提供健康、丰富的生活和活动环境,满足他们多方面发展的需要,使他们在快乐的童年生活中获得有益于身心发展的经验。"幼儿园教师有责任和义务为幼儿建立宽松的、民主的、关爱的、支持的人际心理环境,促使幼儿产生积极、愉快、健康向上的情绪。

(一)营造良好的班级氛围

什么样的环境能够给人以安全、舒适、温馨的感觉呢?当我们步入班级活动室时,我们希望教室内干净整齐、规划合理、空气清新、光照充足、色彩和谐;有大量小空间的活动区,各区域间过道通畅,活动材料丰富,幼儿的作品随处可见;幼儿和教师待人礼貌、态度温和、做事专注、交流自然、互助友好。这些都属于班级氛围,其中人际关系是核心。所有的行为规范和集体准则,无一不是在人际交往与协调过程中逐步形成的。因此,教师应努力营造良好的班级氛围,不断优化班级中的人际关系。

专家们认为,关系是早期教育的核心,有了高质量的人际关系,幼儿会更容易走向成功和幸福,因为这样的氛围会让幼儿感到安全,促使其产生积极的行为。尤其是幼儿期的儿童,他们更加渴望获得教师和家长积极的情感回应,这种回应能够促进幼儿良好情绪和情感的发挥,也会为幼儿以后的发展奠定良好的基础。

(二)设计长远的影响目标

环境对幼儿的影响虽然是巨大的,但不是一蹴而就的,其对幼儿实施的教育作用是持久而深远的。因此,教师在创设班级心理环境时,要着眼于幼儿终身的发展,也就是要将幼儿培养成一个怎样的人。基于这样的理念,教师设计心理环境教育目标的时候,应宽泛、笼统且长远一些,通过不断的实践、评价、反思,根据幼儿的认知水平和发展需要,适当地调整目标和环境材料投放的策略,使幼儿参与活动的兴趣更加浓厚、与环境之间的互动更加积极,环境教育在这样的变化中不断延伸且更具有意义。

(三)提供开放的互动区域

《纲要》中提到:"幼儿园教育应尊重幼儿的人格和权利,尊重幼儿身心发展的规律和学习特点,以游戏为基本活动,保教并重,关注个别差异,促进每个幼儿富有个性的发展。"

环境对幼儿的教育影响渗透到了幼儿的生活、学习,乃至整个成长过程之中,可以说无处不在,不受时间和空间的约束。因此,教师在创设班级心理环境的时候,要满足和尊重幼儿的不同需求,允许幼儿在与环境互动的过程中,按照自己的认知速度、能力、兴趣爱好、表达方式选择不同的学习内容、学习方式和学习进度,充分体现环境的开放性、多样性和包容性。这样的环境不仅能够使幼儿获得成功感,形成自信的良好品质,而且能够促使幼儿在现有水平上获得发展。

同时,班级的环境要能够支持幼儿集体的、小组的和个别的学习活动。特别是在集体和小组活动中，不仅是幼儿和环境之间产生互动，幼儿与同伴之间也会产生积极的互动、思维的碰撞，会使幼儿的活动更加丰富、多元而自主。

（四）满足幼儿自主的发展

陈鹤琴先生的"活生活"原则认为："凡是儿童自己能做的，应该让他们自己做；凡是儿童自己能想的，应该让他们自己去想。儿童自己去探索、去发现，自己所发现的世界才是真世界。"心理学家皮亚杰指出："认知的发展不是由内部成熟和外部教学支配的，它是一个积极主动的构建过程。"也就是说，幼儿对事物的认识是通过自身的感知和活动形成的。因此，教师要注重幼儿的自主学习和合作探究式的互动学习，在直观操作体验中自主建构经验。

营造班级心理环境作为一种开放性的教育活动，能使幼儿的自主活动得到最充分的体现，为幼儿的感知、操作、学习提供更广阔的空间。活动中，幼儿可以根据已有的生活经验与环境产生互动，可以自由地选择教师为他们准备的各种材料，按照自己的想法选择活动的内容、活动的方式、合作的伙伴，按照自己的意愿去探索、尝试，获得许多能力范围内的经验和知识，使自己的能力水平得到最充分的发挥，通过多种途径达成自己成长的目标。

（五）确定活动规则，制订计划

在班级心理环境创设的过程中，教师必须通过各种符号、标识、特定的照片或图文说明等直观形象的手段引导幼儿的行为，这就是班级中幼儿必须执行的活动规则。教师在确定活动规则的时候，可以邀请幼儿参与，这样制定出的规则，幼儿更愿意遵守。在此过程中，幼儿内心的某些愿望虽然无法被满足，但在执行规则之后，会获得更大的成功感和满足感，这样的心理环境潜移默化地帮助幼儿形成内部规则和增强意志力。

另外，教师在引导幼儿与环境互动，特别是参与班级活动区活动时，可以引导幼儿对自己的活动制订计划。在制订计划的时候，幼儿需要思考自己需要什么、准备做什么、准备怎么做，所以在执行计划的时候，他们会更加专注地达成自己设定的目标，有利于增强幼儿的自控能力。当幼儿完成计划的时候，他们的主动性和自信心也会有所增强，这对幼儿的终身发展十分有益。

（六）提升教师的设计能力

无论是班级的物质环境，还是心理环境，基于"创设"起主要作用的都是教师。因此，教师要不断提升自己的专业素养，利用各种机会加强自己的学习能力，更好地理解儿童观和教育观的实质，全面规划班级环境创设的目标和方向。

教师要学会观察幼儿、解读幼儿，成为幼儿环境条件的创造者、活动过程的观察者、活动发展的引导者、幼儿成长的评价者。要随时关注幼儿的兴趣和经验，听取幼儿对环境创设的意见，合理采纳幼儿对环境调整的意见和建议，鼓励幼儿参与讨论、积极表达想法、分享活动的快乐，从而提升环境创造的能力，让班级心理环境能够真正促进幼儿自主、自信、自然地发展。

三、良好班级心理环境的创设形式

（一）小班良好心理环境的创设形式

小班幼儿处于刚刚离开家庭的阶段，这时的他们总会哭着闹着要妈妈，在心理环境的要求上会特别需要安全感。教师应创设一个温馨而私密的小空间，在小屋子里放满幼儿与父母的合影、幼儿的成长照片集等，让幼儿能够在这样一个相对独立且隐蔽的小空间里寻找"家的影子"，也为老师和孩子提供一个可以独处的平台。如图2-53所示。

图 2-53

柔柔软软的娃娃是小班幼儿喜爱的玩具之一。在这个小小的安全空间里，有可爱的娃娃、自然的氛围，还有教师在柜子四周张贴的孩子们开心上幼儿园的照片。幼儿在这里不仅可以和可爱的娃娃玩耍，体验大自然的自由感觉，而且可以欣赏到各种开心的照片，体现了环境的隐性教育。如图2-54所示。

图 2-54

玩具是孩子们最喜爱的，不管怎么玩、玩多长时间，孩子们都不会腻，特别是小班的小朋友。

在"玩具分享吧"中，教师铺上了地垫，投放了靠垫，让幼儿在这个区域能够自由自在地玩，想怎么玩就怎么玩，想在哪里玩就可以在哪里玩，减少了许多的约束。如图2-55所示。

而将这个区域定为"分享吧"，还能让幼儿在自己玩的过程之中，与同伴进行分享。每周五，教师会邀请家长带来新玩具，在这个区域引导幼儿和同伴交换着玩、一起玩等，体验分享的快乐。

图 2-55

（二）中班良好心理环境的创设形式

可爱的笑脸娃娃上，夹满了幼儿的照片。"今天你开心吗？"一句温馨的问候，让幼儿一来到教室，就能感受到一种温暖的气氛。每天，都伴随着笑脸走进班级。如图2-56所示。

而老师也能够通过幼儿每天小小的操作，了解幼儿的情绪变化，关注幼儿的心理状况，适时地对幼儿开展个别教育。

这样一个每个幼儿都拥有的爱心照片夹，同时也是幼儿进入活动区的表示，可谓一物多用。

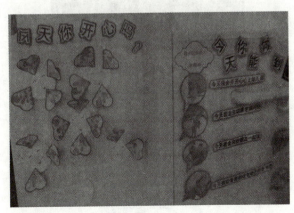

图 2-56

在图 2-57 所示的心理区中,教师巧妙地将幼儿喜爱的动画人物"喜羊羊"引到了班级中。教师将这里布置成一个摄影棚,孩子们只要把头伸过去,就能够变成自己喜欢的动画明星了!

"咔嚓!咔嚓!照下来没有,我笑了哟!"

在照相的过程中,最多的表情就是笑,教师也希望在这样一个区域里,留下幼儿最开心的瞬间。

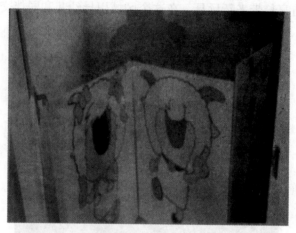

图 2-57

图 2-58 所示为一个蒙古包,作为班级的心理活动区,这个空间相对隐蔽,小小的门,小小的屋子,幼儿最喜欢在这样的地方钻过来、爬过去。

幼儿有时候在里面躲猫猫;有时候把自己最喜欢的玩具带到里面,悄悄地一个人玩;有时候,两个小朋友会藏在里面说悄悄话……

总之,这里什么事情都有可能发生,这里让幼儿自由且快乐!

图 2-58

（三）大班良好心理环境的创设形式

幼儿进入大班以后，心理表现更加丰富，与同伴之间的交流也越来越多。因此，在创设心理活动区域的时候，针对大班的幼儿，教师应在心理区的氛围上有更多的思考。在"心情咖啡屋"这个班级心理环境创设中，微微昏暗的隐蔽空间里，透出暖暖的光，幼儿每次都是带着好奇的心理来到这个区域。墙面上幼儿每次进行完音乐剧场活动的快乐照片，在这样一个小小的空间里，成了幼儿津津乐道的美好回忆，他们可以在这里找到认真表演的自己，也可以欣赏到同伴的表演。而教师事先准备好的轻柔音乐和幼儿自制的娱乐棋，也可让幼儿在温馨且甜蜜的氛围中，与同伴来一场畅快的棋艺比拼！如图 2-59 所示。

图 2-59

你有没有过想对谁说什么却开不了口的时候？我想，每个人都有这样的时刻。因此，"想说的话"这样一个空间为幼儿提供了一个可以宣泄的私密所在。利用墙角和纱幔，教师为幼儿在开放的教室里开辟了一个相对隐秘的空间，软软的地垫和可爱的抱枕让幼儿在这里感到自由和快乐。如图 2-60 所示。幼儿可以和小伙伴在这里说说悄悄话，也可以把想说的话，用画笔记录在纸上，放到"信箱"中，悄悄地与同伴分享自己的高兴或者不高兴。

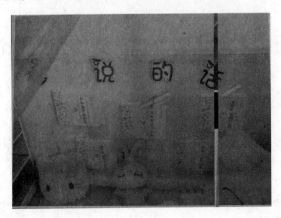

图 2-60

教师会定时看看这些"信箱"里藏着幼儿的什么秘密，会像邮递员一样，把这些秘密悄悄地送达目的地。当然，也包括送给教师自己。在这样的一个空间里，幼儿可以畅所欲言，没有太多的顾及，也可以让教师了解幼儿的一些真实想法。

音乐是能够反映人类内心的。

教师尝试将心理健康教育与音乐活动进行融合，让幼儿在聆听音乐的过程中，将自己对音乐的内心感受，用线条、色彩表现出来。

图2-61中戴耳机的幼儿听的是两种不同风格的乐曲，他分别选取了红色线条和黑色线条来表达自己对音乐的感受；而唱歌的男孩，开心的表情一览无余，谁说音乐不是一件让人快乐的秘密武器呢？

图2-61

第四节　班级主题环境创设的整体布局设计案例分析

案例一

班级主题教育环境"城市风景线——大武汉"

——王慧

【我们的理念】

幼儿园教育倡导大课程观，即教育渗透在一日生活中，教师则通过游戏活动来实现。选择贴近幼儿生活的活动，让幼儿能够直接体验，将知识整合在一定的情境中，使幼儿通过与环境的互动自主构建新知。

在我园健康理念的指导下，我班以《3~6岁儿童学习与发展指南》为依据，紧密结合幼儿实际，选择以"健康+X"为特色，关注幼儿的身体发展、语言表达、心理健康、生活习惯、社会交往等，将心理健康教育融于幼儿生活、学习、玩乐之中的理念作为班级文化的精髓。

一、班级环境突显主题下的活动区活动

班级文化的营造：走近大三班，从上楼梯开始，到每一个转角、每一片区角，都能看到一对非常可爱的笑脸娃娃，它们就是我们大三班的LOGO娃娃。可爱的LOGO娃娃给孩子们传递快乐的情绪，我们希望幼儿一抬头、一转身，就能看到一张为他绽放的笑脸，希望能潜移默化地让幼儿认识笑、学会笑、喜欢笑，渐渐养成微笑面对每个人、每件事的习惯，希望与幼儿共同营造愉悦的班级环境。

班级主题的产生：贴近幼儿的生活。孩子们生活的家乡——武汉，正发生着翻天覆地的变化，随着"武汉，每天不一样！"这一新的城市口号的提出，我们结合本月主题"城市风景线"，选择了更加贴近幼儿生活的方向，生成了新的主题"大武汉"，并将此作为环境及活动区创设的主题。同时，班级作为幼儿园"健健康康镇"中的一个小社会，在侧重于社会领域的同时，也注重各个领域的平衡，和平行班之间要做到资源共享（集体备课，集体备环境，统一入区的标志，固定玩耍时间，做到资源共享、区域共享）。

武汉特色的突显：在班级环境的创设中，我们突出浓浓的武汉特色，开设了"武汉美食街""武汉世博园建筑工地""武汉图书馆""武汉宜家超市"等区域，这些都是幼儿比较熟悉并能代表武汉的地方。幼儿在活动区玩的同时，还能充分认识武汉的这些地标，从关注身边事物开始，激发幼儿探究武汉的愿望，感受到身为武汉人的骄傲，激发幼儿爱武汉、爱家乡的情感，为幼儿的心理健康发展打下基础。

养成教育的渗透：在环境的创设中，我们注重孩子的养成教育，通过环境中的温馨小提示、地面上的各种小标志、孩子们绘画的各种规则等，间接给幼儿细节上的暗示，让孩子学会生活、学会学习、学会交往、学会安全自护。

二、材料投放满足幼儿的活动需求

对幼儿来说，材料是引发他们主动建构对周围世界认识的中介和桥梁；对教师来说，材料是教育目标和教育内容的物化。我们在活动区材料投放上遵循了以下几个原则。

根据教育目标投放材料。

根据主题活动投放材料。

根据年龄特点投放材料。

根据经验兴趣投放材料。

根据能力差异投放材料。

每个区域中都需要投入新的材料，我们在班级中通过"小班会"的形式一起商量，创设了"武汉宜家超市"。在"宜家超市"里，幼儿、老师、家长都是材料的收集者，有了"宜家超市"，材料的种类丰富起来，它既满足了幼儿活动的需要，又解决了各区

域新进材料的问题。

三、区域规则引导幼儿的自主游戏

老师创设的活动区只是框架，是搭建的平台，真正让活动区有血有肉的还是班上的幼儿，在活动区怎么玩，当然是幼儿说了算。我们将入区卡与旅行社结合起来，突出体现整个班级的区域，幼儿可以根据每个区的需要选择不同的角色进区活动，也可以根据自己的需要选择"跟团游"或是"自助游"的形式来进行区域活动。同时，我们通过和幼儿协商共同创设墙饰来提示规则、玩法及行为习惯，通过活动小结，我们将幼儿创新的玩法用图文并茂的形式呈现在各个活动区中，想怎样玩就怎样玩，玩得好的还要大家学着他玩。同时也明确了不同角色的职责，增加了幼儿参与角色活动的兴趣，从"要我玩"变为"我要玩"，让幼儿带着老师玩。平等的相处、宽松的环境不仅能促使幼儿进行创新，而且能帮助幼儿形成阳光的心态。

四、活动组织尊重幼儿的活动意愿

《纲要》指出："教师在游戏中要发挥观察者、组织者和协调者的作用，正确处理教师在游戏中的地位，注意角色身份的转换。"

在区域活动中，幼儿是主动的学习者，是学习的主体。幼儿们自主决定"我想玩什么""和谁一起玩""怎么玩"，决定游戏的材料、方式、内容及玩伴，按自己的方式和意愿进行活动。

1. 图表记录，便于归纳梳理

在活动的导入环节中，我们运用了图表形式，将前几次幼儿在活动中遇到的问题记录下来，并找到解决的方法，帮助幼儿梳理经验，便于幼儿下次更好地进行活动。

2. 自主选择，减少等待

在自主选择的时候，为了减少不必要的等待，我们先请幼儿自主选择分成两组，然后班级的两位老师各负责一组（工作人员一组，游客一组）。工作人员组的幼儿先完成自主选区的工作，然后进区进行活动前的准备，游客组的幼儿再按意愿选择"跟团游"或"自助游"，避免了幼儿长时间等待的状况。

3. 目标在心，易于观察指导

区域游戏给幼儿创设了更加自由的学习空间，因此教师在区域活动中的观察尤为重要。在每一次进行区域活动的时候，教师要做到目标在心，区域活动的关键目标与此次活动中的重点目标必须做到心中有数，并结合具体的情景，运用不同的方法进行指导，以促进幼儿游戏的开展。

刚开始游戏时，孩子们遇到了一些问题，如购物时没有钱了，明信片写完没地方寄，导游和游客不好区分，等等。针对孩子们提出的问题，我们共同讨论，寻找解决问题的办法。我们与平行班大四班协商，在我们班开设一个银行的"自动取款机"，解决钱的问题；我们与中三班协商，将他们的"昙华林邮局"在我们班设立一个邮箱，便于我们投递明信片，而他们在固定时间来收取；孩子们结合自己的旅游经验，想到用导游旗和旅行帽来区分导游和游客。我们将这些新增的材料投放到区域活动中，孩子们玩得更加快乐了。

玩了一段时间以后，"吉庆街艺人馆"的幼儿们又遇到了一些问题，如演出时观众太少，游客不知道演出时间和节目，演员的道具不够丰富，等等。幼儿和老师又开始一起想办法。针对观众少的情况，我们想出了许多办法：①演员内部协商分工，两名幼儿准备演出，两名幼儿到外面进行宣传，吸引观众来看；②和导游协商，告诉他演出的时间，让导游带游客看节目；③演员主动到"美食节"上演出。由于游客不知道演出的时间和节目，我们开展了集体活动"我的节目我做主"，幼儿自己设计了各种演出节目单（有跳舞、弹琴、吹笛子等），节目丰富起来，观众自然也多了起来。师生又共同为"吉庆街艺人馆"增设了化妆品、帽子、围巾、眼镜等材料。同时，我们将每次"吉庆街艺人馆"里演员的表演用录像设备录下来，在小结或休息时间播放，增加幼儿对区域的兴趣，也为"吉庆街艺人馆"聚集人气。观众有了，节目单有了，道具有了，录像机也有了，孩子们玩得更起劲了！

4. 有效评价，促进多元发展

《纲要》指出："明确评价的目的是了解幼儿的发展需要，以便提供更加适宜的帮助和指导。"此次评价的环节注重了评价的针对性，既有对集体的评价，又有对个别幼儿的评价，同时对重点的指导区域及新增材料的使用情况进行了评价，使每个幼儿都获得成功的体验和游戏的快乐。

五、活动延伸注重家园的有效合作

《纲要》明确指出："家庭是幼儿园重要的合作伙伴。应本着尊重、平等、合作的原则，争取家长的理解、支持和主动参与，并积极支持、帮助家长提高教育能力。"

1. 请家长参与区域活动环境创设

在主题活动中，我们安排了"走进武汉"的亲子小组活动，孩子们和爸爸妈妈一起走进武汉，和小伙伴一起走进武汉，和老师一起走进武汉，加深孩子们对家乡的进一步了解。此外，还自制了"武汉的桥""武汉的美食"等小书，投放到"武汉图书馆"中，供幼儿翻阅分享。

2. 请家长参与区域活动指导

结合我班开展的主题活动，我们邀请家长和孩子们共同进行活动区的亲子活动，家长和幼儿可以根据自己的意愿来选择扮演的角色，进行角色游戏活动。家长既是参与者，又是指导者，使家长逐渐由关心到关注，由支持到配合，由旁观到主动参与。

3. 请家长参与区域活动的交流分享

区域活动交流分享不仅应实现幼儿与教师的互动，而且应当让家长参与，实现家长与幼儿的互动、分享。让家长进行区域活动评价，与幼儿一起探索、发现、操作、讨论、解决问题，实现家长与幼儿的交流，分享幼儿活动的成果，激发幼儿参与活动的兴趣。

《纲要》指出："环境是重要的教育资源，应通过环境的创设和利用，有效地促进幼儿的发展。"

在幼儿园的教育活动中，环境作为一种"隐性课程"，使幼儿的身体发展、心理健康发展、社会化发展以及个性发展都受到影响。随着主题的生成和更换，班级环境和区域也顺应主题的变化与时俱进，让我们与幼儿共同营造愉悦的班级环境吧！

分析：

王慧老师设计并创设的"城市风景线——大武汉"的主题教育环境，首先，来源于幼儿的生活。她将武汉的标志性建筑和景点融入了整个班级环境的创设之中，这样的环境是幼儿所熟悉的，是遵循幼儿生活经验的，因此能够很好地激发幼儿参与活动的愿望，提升幼儿活动的积极性和有效性。

其次，教师建立了园所文化下的班级文化，形成了班级环境的独特性。这样的创设理念使她的班级环境在同一主题教育环境中脱颖而出，鲜明且有个性。此外，这样的创设理念也符合幼儿园班级心理文化创设的要求。

最后，教师适宜地整合了班级资源、幼儿园资源、家庭资源，甚至社会环境资源，关注了幼儿在环境创设过程中的参与性，并在环境教育与幼儿互动的过程中，及时做出调整，推动幼儿自主活动的开展。

建议：

在班级文化的创建过程中，LOGO娃娃的出现，只能体现班级文化的一角，而班级文化作为园所文化的延伸，其健康的特色如何更好地凸显，健康的理念如何更好地渗透，健康的目标如何更好地达成，教师还需要更全面地思考。

案例二

班级主题区域活动"快乐茶社"的支持与引导

——刘莉

主题活动是幼儿园课程的一种重要组织形式，而区域活动作为集体活动的补充和拓展，是幼儿非常喜爱的一种游戏方式，也是促进素质教育发展行之有效的教育方式。随着幼教改革的快速发展，我园重新审视主题活动与区域活动两者之间的相互作用，进行了有效整合。我们积极尝试将区域活动"巧嫁"于主题教育活动之中，使它们在形式、内容以及方法上形成互补，促进幼儿的主动学习和有效发展。

一线的幼儿教师都有一个共同的困惑，就是班级活动区环境创设及材料投放"费尽心机却不尽如人意"的问题。我园在区域建设时创新思路，采用了"简单＋不限制"的模式。"简单"的前提就是"尊重孩子的兴趣"，简单的途径就是"跟随孩子的兴趣发展线路"，简单的载体就是来自幼儿生活的原始材料。"不限制"就是不设置条条框框，最大限度地激发幼儿的想象力。下面就以在这种"简单＋不限制"模式引领下开展的主题区域活动"快乐茶社"为例，从活动的由来、创设、经营和提升这四个方面进行简要介绍，谈谈如何将主题活动与区域活动有效结合。

一、"快乐茶社"的由来

在"去旅行"的主题活动中，我们带领孩子们一起走进了"叶子"的神秘世界。"十一"长假后，孩子们叽叽喳喳地交流自己的旅游见闻，还带来了收集的各种各样的叶子，其中，洋洋说自己去了云南，还看了茶艺表演。"茶叶是叶子吗？"洋洋的话题引起了幼儿对茶叶是不是叶子的争议，其中认为茶叶是叶子的有18人，认为茶叶不是叶子的有15人。喜欢看书的小约说："我知道茶叶是茶叶树上长出来的，所以茶叶是叶子！"天天说："叶子是生的，不能喝，而茶叶是熟的，可以喝，所以茶叶不是叶子！"琳琳提出："茶叶虽然看上去卷卷的不像叶子，但用水一泡开就像叶子了，所以它就是叶子！"在争论的过程中，孩子们充分地表达自己的想法，耐心地倾听他人的想法，在相互"碰撞"中获得了更广泛的知识，也促使孩子们更主动地获取他们所需要的有关茶叶的信息。在孩子们积累了一定的茶叶、茶文化的认知经验后，一个属于孩子们自己的"快乐茶社"主题区域活动诞生了。孩子们以自己喜欢的游戏方式踏上了"快乐茶社"的探索之旅。

二、古朴典雅——"快乐茶社"的创设

开"茶社"，首先要有好的环境，就像在泡茶的过程中需要合适的茶具一样。我班的"快乐茶社"在创设风格上接近中国风，因此幼儿在主题游戏中对中国的文化有了更深的了解。我们合理地将活动室划分为：茶舍（建构区）、茶阁（科学区）、茶坊聊天室（语言学习区）、茶工坊（美工区）、茶吧（生活区）、茶艺轩（表演区）。整个区域布局错落有致、互不干扰、动静皆宜，又通过角色串联相互贯通。

首先，我们根据区域联动原理，有机整合活动区域。孩子们在活动区游戏时，喜欢串区玩，因此，我们尊重幼儿的意愿，创设了"茶吧"。"茶吧"中包含了"茶艺轩"和"茶艺表演"两个子区域。

其次，根据幼儿的动手能力及主题需要，有针对性地投放区域材料。如：为了增强幼儿对茶文化的兴趣，我们鼓励家长和孩子一起收集茶具，并把它们投放到"茶工坊"中。茶具是茶文化的一个外在表现载体，孩子们在绘制和捏茶壶的过程中，逐步感受和接近茶文化的内涵。在欣赏茶具的过程中，幼儿发现茶壶的盖子上有一个小孔，茶壶的壶嘴高高翘起，茶壶和茶杯多以1：4、1：6的比例搭配……幼儿对茶具不断提升的认知促使他们产生了动手制作茶具的意愿。根据孩子们的兴趣，我们适时投放了彩色易塑性软泥，将孩子的兴趣目标引导到对茶具造型及其功用的关注上，很好地锻炼了幼儿的实践能力和艺术创作能力。

《幼儿教育指导纲要》指出："教师要提供丰富的可操作的材料，为每个幼儿都能运用多种感官、多种方式进行探索提供活动的条件。"在创设"茶坊聊天室"前期，我们为幼儿提供了"茶马古道""茶艺礼仪""中国茶文化故事"等书籍，供幼儿翻阅。其中，有个幼儿非常感兴趣的故事叫"茶叶的聚会"，它不仅讲到了各种各样的茶叶，还提到了"茶糖""茶叶枕头""茶叶蛋"。这让我们意识到，我们忽略了"茶叶加工而成的食品"以及"和茶有关的食品"这些话题。深入探讨这个话题，可以让幼儿在游戏中进一步发现茶叶和生活的密切关系。于是，一个新的子区域"茶超市"产生了，幼儿主动带来茶叶蛋、茶瓜子、绿茶饮料等投放其中，大家的视野变得更加开阔。幼儿介绍茶叶制品，给茶叶和茶制品贴上价格标签，分类摆放，在称茶、买卖物品的过程中感受数量与物体的关系。在活动中，孩子们游戏的角色意识更强了，游戏变得更加有序，游戏中目标的指向性也更加明确。

三、茶里茶外——"快乐茶社"的经营

好茶用好水,才能相得益彰。在"快乐茶社"主题区域活动中,我们根据幼儿的喜好投放了不同的材料,并采用了平行、垂直、交叉干预的方法指导孩子们开展活动。教师的指导促使幼儿在与材料的互动中快乐地游戏,帮助幼儿积极探索、挖掘游戏的价值,让"茶社"更好地"经营"下去。

在前期经验准备中,我们带幼儿观察了我园花坛种植的茶树,并共同观看视频,感知茶叶的制作过程。我们还带孩子们参观了社区"叶氏茶庄",让孩子们以小记者的身份采访茶叶店的老板:"你们共有多少种茶?""顾客喜欢喝什么茶,为什么?"通过采访了解茶的不同种类,也从中感知了茶叶与人们健康之间的关系。在调查中,孩子们接触到了更多品种的茶叶,于是,在"茶阁"中,我们帮助幼儿将这些零散的信息进行归类,开展了"茶叶对对碰"的活动。幼儿按照茶的颜色、品种、生长环境、采摘季节等不同标准,对各种各样的茶叶进行分类,实现了对茶叶知识的再认知。如在"泡茶"游戏活动中,"茶与水温的实验"是孩子们非常感兴趣的操作活动。这个操作过程不仅有实验、有观察、有比较,更有独特的记录方式。当孩子们分别往杯中注入热水和冷水时,出现了两种不同的情况,孩子们用自己的方式记录观察到的现象:热水里的茶叶变大了,冷水里的茶叶还是小的;热水泡的茶水颜色很深,冷水泡的茶水颜色很浅。孩子们在相互交流中掌握了更为多元的记录表征方式。在活动过程中,教师适时地进行引导,对游戏活动的发展起到了推动的作用。

在"茶吧"区域第一次游戏时,我发现"客人"点茶时把柜台挤得满满的。询问原因后发现,原来幼儿看不懂我设计的点茶单上写的什么茶。这时我问道:"那你们说这个点茶单该怎么设计?"侯思彤说:"在点茶单上画一片绿叶,小朋友一看就知道是绿茶了。"王伽仪说:"可以画上观音像,表示铁观音茶。"于是,大家动手设计点茶单:有画连绵起伏的山峰表示高山茶的,有画一棵人参表示人参茶的,有画一片红叶表示红茶的……最后,幼儿在设计的点茶单各个图案的后面标上相应的价格。当幼儿用自己设计的点茶单再次游戏时,扮演"服务员"的幼儿主动拿着这张点茶单熟练地向"顾客"介绍茶品;"顾客"们有了形象化的点茶单后,点茶环节更顺畅;饮茶后,仿真钱币也让活动更真切,让孩子们在与材料的互动中,角色意识更强。同样,在孩子们的角色游戏活动中,教师的适时干预引导有效推动了区域活动的发展,也丰富了主题活动的开发价值。

四、玲珑剔透——"快乐茶社"的提升

在"快乐茶社"主题区域活动开展的过程中,我们发现班上的幼儿活泼有余,但在礼仪方面的表现不尽如人意。针对这一问题,我们以激励的方式帮助幼儿学习茶礼仪,并在活动中让幼儿互评互学。一段时间后,幼儿变得文明有礼,礼仪小标兵成了班上的核心人物。为了鼓励幼儿积极参与活动,我们每周还会评出"最佳售货员""最佳茶艺师"。在区域活动结束后,我们及时对这一区域的活动进行评价,还请当天的"茶社"小主管对活动区材料的收放整理情况进行评价,进一步强调规则意识,使幼儿

不仅习得了礼仪知识,也逐渐养成了良好的文明习惯。

在游戏的讲评中,我们让"茶超市"的"服务员"说了最近生意不好的原因,让幼儿针对问题提出自己的想法和解决方案,自己设计营销方法。他们学习超市的销售员阿姨,有的办"促销活动",有的教"客人"泡茶,等等。游戏后,我们进行了总结,很多幼儿说出了不同的促销方法。由此可见,放手让幼儿用自己已有的生活经验来解决问题的方式能让幼儿获得更好的发展。

在"快乐茶社"的主题区域探索过程中,我们深切地感受到活动中的教与学不是教师对幼儿居高临下的"倾泻",而是平等的对话。我们不限制幼儿的想法,放手让幼儿亲自参与、亲身体验,让幼儿在接触传统茶文化时,产生一个个新的问题和强烈的探索尝试欲望。随着区域活动的深入开展,环境在变化,内容在充实,幼儿探索的兴趣在增强,幼儿的经验也在提升。在区域活动中,只要按照"简单+不限制"的模式,用"心"体验,用"意"创造,用"情"耕耘,定会让幼儿玩在其中、乐在其中、学在其中,自由自在地演绎小"社会"、真生活。

总之,我们要让主题活动与区域活动有机、有效地融合在一起,最大限度地支持和满足幼儿通过直接感知、实际操作和亲身体验获得经验的需要,让幼儿在活动中获取新知识,在操作中得到发展,在游戏中感受快乐!

分析:

刘莉老师从教师观察指导幼儿的角度,对"快乐茶社"主题环境的创设进行了整体的思考。首先,教师环境创设的主题来源于幼儿的学习经验,又高于幼儿已有的经验,因为茶对幼儿来说虽然在生活中随时可以见到,但是对它的了解并不深。通过案例可以看出,教师是以幼儿的学习能力、学习特点为基础,筛选幼儿感兴趣的、能够接受的、便于操作的内容来进行班级主题环境的创设,这样的设计既丰富了幼儿对生活的认识,又满足了幼儿参与环境互动的情感、能力的需要。

其次,教师在幼儿的整个活动过程中,十分关注幼儿的操作情况、存在的问题,通过适时的介入,在了解幼儿真实想法和能力现状的基础上,做出及时、有效的调整。这样的方式激发了幼儿参与活动的积极性,促使幼儿在与环境互动的过程中获得成功的体验,形成满足感。

再次,教师十分关注幼儿在活动中与同伴之间的交流互动,为幼儿创设了交流分享的机会,有效地促进了幼儿社会性的发展。

最后,教师在整个环境的创设中都邀请幼儿参与其中,积极发挥幼儿在环境创设过程中的主体作用,培养幼儿的责任意识。

建议:

教师在创设中如何体现教育环境的层次性,使其能够满足不同幼儿的发展需要;教师如何针对幼儿不同的学习速度、学习进程和发展差异,多元地开展评价活动;如何理解区域活动的有效性等,这些方面还有待进一步完善。

案例三

园所文化下，"娃娃看天下"主题环境的创设

——刘洁

随着幼儿园教育科研的不断发展，我园逐步形成了"让艺术之乐走进每个孩子的生活……"的特色园所文化（图2-63）。在园所文化的引领下，我班以《3~6岁儿童学习与发展指南》为指导，在充分分析幼儿现有发展水平的基础上，依托艺术教育活动，发展幼儿自信表现、大胆创造的能力，借助于艺术环境的隐性教育功能，为幼儿营造宁静、美好的心理环境，形成我班独有的"乐"学文化，将艺术逐步渗透到幼儿的生活、环境、成长历程之中。

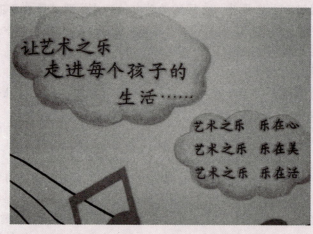

图2-62

主题环境的设计意图：

在初次接触"娃娃看天下"这个主题的时候，我回想起了曾经在中班开展"去旅行"主题时的情景。我班都是武钢工人和外来务工人员的孩子，连武汉的风景区都没有去过，出外旅游也多在湖北省内，又何谈出国呢！

如何开展此次活动呢？我想到从幼儿的经验和学习需要入手，从本地、本园的条件出发，从他们最熟悉的武汉入手，结合本班幼儿的实际情况，通过孩子们所熟知的事物，去激发他们学习和了解新事物的欲望，依托环境的营造，让幼儿体验异国风情与人文特色。

顺着这个教育思路，班级在创设主题环境时，结合目标，主线突出"娃娃"两个字，从"娃娃"的眼里折射出"天下"，感受教育之"乐"。例如：将"图书角"的寓意扩大为"语言学习区"，让幼儿将日常生活中进行的教学活动或收集的新闻事实、旅游趣事等，通过各种资料、照片、自制书籍等方式呈现，让幼儿在区域活动中不仅能看，还能说，充分激发幼儿表现已有经验的愿望。如图2-63所示。

图 2-63

在科学区,我们根据幼儿园《3~6 岁幼儿学习与发展指南》,设计了一些能让幼儿动手又动脑的玩具,通过操作、实验达到对事物探索、求实的目的,同时也希望通过这样的形式让幼儿参与到主题环境及区域布置的活动中,使幼儿既是参与者,又是设计者。如图 2-64 所示。

图 2-64

在班级整体区域环境的创设中,我们认真分析每个区域自身的特点,力图将不同国家的建筑艺术、文化艺术融入其中,让幼儿在环境的隐性作用下,感受其他国家的文化特点。

以主题为背景,让幼儿在艺术环境的作用下,萌生探究欲望。

环境是"一种无声的教育语言",它能让人在不知不觉中受到影响。因此,在创设班级整体主题教育环境时,我们希望孩子们一进入其中就想开始游戏,有自己的角色、位置。于是,我们将班级整体设计成一个国际机场的候机室,空间设计为飞机在蓝天白云中航行，进区处有小型飞机指引幼儿活动的方向，幼儿进出需要手持"护照"，人数和飞机的座位要吻合，增强了游戏氛围（图2-65）。

图2-65

另外，对于每个区域的创设及主题教学的开展，我们也针对幼儿学习的实际情况，打破主题原有的教学网络，按照"中国与世界"的教育思路，充分挖掘幼儿已有的经验，展开系列的主题教学、区域创设，根据具有代表性的国家的人文风格来打造与其相符合的各个区域，如：我们将荷兰的田园风情用来展现图书角的宁静与舒适（图2-66）；以古罗马建筑风格设计博物馆，古老的建筑文化增添了区域的神秘色彩，增强了区域的科学艺术氛围；音乐区则突出体现非洲的土著文化，热情、奔放的艺术元素更好地凸显了音乐区的特色，促使幼儿自由表现、大胆创编等。幼儿在这样的环境中乐于看、乐于说，不断产生探索和学习的欲望。

图2-66

以主题为背景，让幼儿在与环境的互动中"乐"学、"乐"想。幼儿是学习的主体，是环境的主人，在主题环境创设的过程中，我们突出环境与幼儿之间的互动性，让幼儿在自主探究的过程中，快乐地学习，大胆地想象，尽情地表现，无畏地创造。

（一）创设适合孩子参与和学习的区域环境

主题环境需要根据孩子的学习需要经常更新，增强幼儿对它的亲近感，满足幼儿的心智体验，从而实现幼儿与环境之间的互动。

在创设"娃娃看天下"的主题环境时，我们根据幼儿学习的进程与需要，及时调整活动区域，在科学区中推出"主打游戏"，让幼儿在众多的科学探究实验中能够有重点地探索，增强其自主学习的目标性，让幼儿能够在这样的过程中，对某种科学现象或科学知识进行深入、全面的探索学习（图2-67）。在体育区推出"游戏攻略"，实现"老材料，新玩法"的理念，让幼儿在变换新玩法的过程中，获得新的发展。作为指导者的我们，也能够随时根据幼儿的需要进行修正，充分体现了主题环境的弹性特征。

图 2-67

另外，根据幼儿好表现、希望被肯定的特点，我们坚持以幼儿为本位，把主题墙面及部分区域环境的创设主动权交给孩子，用悬挂、平面张贴、立体陈列的形式展示幼儿的劳动成果（图2-68）。一方面，表现了对他们的尊重；另一方面，增强了幼儿的成就感和自豪感，更好地激发了幼儿的创造性。

图 2-68

在区域活动规则的制定上，我们也邀请孩子们共同参与。如班级图书架的分类和整理，我们邀请部分家长参加，开展了一次班会，让幼儿自己制定分类的内容及使用的规则。

此外，家长与孩子共同制作的"旅游小记"，教师和孩子们一起记录的"阳光日记"，也都充分地体现了幼儿的主体性，让幼儿按照自己的意愿和经验向同伴讲述旅游故事，鼓励幼儿自主探索，凸显幼儿的主人翁意识，使区域活动成为幼儿自主化、个别化、小组化学习的重要形式。

（二）创设符合幼儿兴趣的区域环境

兴趣是最好的老师，我班男孩较多，平时思维敏捷、爱学好问，创造力和表现欲都比较强。于是，在创设区域环境时，我们依据主题的进程，在科学区开展了国内外发明的学习活动，让幼儿自己尝试制作"再生纸"和学习国外电的发明过程，满足了幼儿探究的兴趣，也增强了幼儿参与区域活动的愿望。

在美工区，我们结合国内外的不同文化特色、节日庆典等，投放了丰富的美工材料，让幼儿在积极动手制作的过程中，学习和了解中国及世界，在动一动、做一做、学一学、想一想中，得到学习兴趣的满足。

在音乐区根据幼儿性别的特点将打击乐与表演相结合，充分利用可活动式展板和舞台（图2-69）。而在心理区，我们让幼儿根据自己的需求选择不同国家的音乐，不仅让幼儿有了发挥内心热情的空间，获得了宣泄和满足，也引导幼儿学会了舒缓自己的情绪，听听音乐，看看书，让他们真切感受到人与人之间的和谐与亲密，从而体现出"音乐教育生活化"的园所文化主题。

图2-69

（三）创设符合幼儿学习方式的区域环境

皮亚杰的儿童认知发展理论认为：儿童的发展是不断与环境相互作用的结果。在区域活动中，幼儿的学习主要是与区域环境和材料互动。因此，我们在本主题活动中，努力为幼儿营造一个可探究、操作、表现、创新的活动环境，真正让幼儿做到"乐中玩，玩中乐"。

当主题涉及幼儿不熟悉的内容时，教师可邀请家长参与到收集资料和家园调查的过程中，一同引领幼儿进入主题内容的学习，并利用环境的隐性教育作用，将主题墙与区域的部分墙面、展板有效融合，丰富幼儿的教育环境，充分体现环境教育的互动功能（图2-70）。例如：美工区的活动墙，既呈现幼儿的美术作品，又让幼儿欣赏到中国与世界的不同艺术作品；图书区的蜂窝墙，既对环境起创意装饰作用，又可呈现孩子们外出旅游时带回的纪念品、交通工具的票据、门票等。这样的创设不仅可以让幼儿对自己感兴趣的事物进行对比、更换，也能使枯燥、难以理解的东西简单化、易吸收，而且有利于他们动手能力、交流能力、合作能力的增强。

图2-70

以主题为背景，让幼儿在"艺术之乐"中，感受异国元素的魅力，陶冶幼儿的情操，帮助幼儿快乐地成长。幼儿对事物的认识基于对感性经验的依赖，其审美感知具有直觉性、整体性和统一性，我们根据幼儿审美的偏好，在充分调动幼儿视、听、触多种感官的基础上，让幼儿获得丰富的审美体验和艺术感悟。

另外，在区域环境的空间设计和造型上，我们根据幼儿对空间的喜好来吸引和感染幼儿，创设具有层次的立体的富有变化的空间。如：利用比较隐蔽的空间创设心理区；运用可以折叠的活动墙壁（图2-71）、音乐舞台，建构开放式的活动空间；利用大面积的墙壁，为幼儿创设西洋画的欣赏墙……

图 2-71

在材料的选择上，我们努力把大自然的、幼儿身边的、社会的材料引进区域游戏之中，这些材料与幼儿的生活贴近，能使幼儿获得更多的美的体验。

总之，区域环境是一种隐性的教育课程，在本次主题活动中，我们充分理解了区域环境与幼儿发展之间的关系、与幼儿主题课程之间的关系，努力为幼儿创设出生动的、有效的、熠熠闪光的、具有艺术特色的区域环境，努力促进幼儿全面、和谐、多元、快乐地成长。

分析：

刘洁教师从园所文化的角度，表达了对班级主题环境创设的思考，并在此过程中，寻找到班级的"乐"学文化，为幼儿营造了良好的班级氛围，关注了班级心理环境的教育价值。首先，在区域创设的过程中，教师能够认真地分析幼儿及家庭背景等现状，从幼儿的生活经验及学习需要出发，创设积极的互动教育环境。

其次，教师抓住荷兰、罗马等国家和城市的特色，巧妙地与班级所需创设的区域相结合，让幼儿通过教师创设的环境感受不同国家的建筑特点、文化风情，同时，环境给幼儿带来的强烈的视觉和听觉冲击，也大大提高了幼儿的审美能力。

最后，教师在区域材料的投放中，能够从幼儿的角度去思考，便于幼儿取放、操作、探究，鼓励幼儿在原有的基础上获得发展，在自主游戏的过程中，积极地表现和创造。

建议：

在班级环境创设的过程中，如何更好地引导幼儿参与其中，如何让幼儿真正成为环境教育和学习的主人，如何更好地激励幼儿在动手动脑的过程中获得发展，这些都需要教师努力去思考。

课后练习

1. 幼儿园班级环境创设的概念是什么？幼儿园班级环境创设的意义是什么？
2. 班级环境创设的具体内容及特点是什么？
3. 用相应的案例解读创设班级心理环境的策略。
4. 根据班级环境创设整体布局案例，以"我眼里的家乡"为主题，设计一个班级主题环境创设案例。
5. 结合下面的案例，分析班级环境创设如何彰显个性，让幼儿在与环境互动的过程中获得自主、全面的发展。

建构主义理论强调幼儿的学习过程不是被动地吸收、接纳，而是主动建构的过程。也就是说，幼儿在与环境、材料积极互动中进行的知识建构的过程才是幼儿学习的过程。目前，很多教师并没有意识到在创设班级环境时，一定要充分发挥幼儿的主体性，对于环境对幼儿发展的影响没有给予足够的认识。下文中对教师的访谈，可以反映很多教师内心的想法。以"怎样看待班级环境创设"为题，请大家各抒己见，以聊天的形式谈一谈。

A 教师说："幼儿园进行环境评比，我们就想尽办法把班级环境设计得更漂亮，评比之前肯定要加班的。"

B 教师说："环境创设很考验教师啊，不会点手工也不行。"

C 教师（一位年轻教师）说："原来幼儿园还有这么多的事情，之前真的不知道，不过完成了环境创设很有成就感。"

D 教师说："经常变换班级环境是好事，可事情很多，一忙就耽搁了。"

当问及"环境创设中幼儿的参与程度如何"时，教师们一致的说法就是自己想好了，请幼儿去画，幼儿能做的就是绘画。"做手工需要一个个指导，太费时间了，还不如自己亲力亲为更快一些。"从教师的回答中，我们可以看出，在班级环境创设中，幼儿的主体地位是缺失的，教师没有把幼儿当成环境的主人来对待，幼儿的参与程度较低。

第三章 班级活动区的环境创设

学习目标

1. 掌握班级活动区域概念、种类，理解班级活动区在幼儿园教育中的价值和作用。
2. 勤于动手动脑，乐于思考班级活动区的规划与设置，敢于尝试练习。
3. 能够掌握班级各个活动区的创设方法，包括活动区的目标确定、内容选择、位置与布局、材料的投放、活动指导等各个环节。

案例导入

在大一班实习的付琳娜同学在她的实习日志中写了这样一段文字：

这次教育实习我很幸运地被分到了一年前来保育实习的班级，看到了熟悉的幼儿园、老师、小朋友。当回到这个熟悉的班级时，有的小朋友还记得我，让我备感欣慰。班级的一切是那么熟悉，科学角里那个我去年最喜欢的"磁铁探究场"依然吸引我再次去探索磁铁的秘密；"超市"里的商品还有去年我和同学在此实习时制作的"商品"；植物角里我和小朋友们一起种植的太阳花又要开花了呢……现在班级区域游戏时间也增多了，我很喜欢到活动区跟幼儿一起玩耍。建构区里的幼儿现在想要搭建一个"永旺商场"，可是空间不太够；美工区里的幼儿把手弄脏了，想要去卫生间洗手，可是路过图书角时却把地板弄脏了；音乐表演区里幼儿的大声歌唱让相邻的科学角的幼儿愁眉苦脸……

这位实习生遇到了哪些问题？这些问题该如何解决呢？

第三章 班级活动区的环境创设

第一节 班级活动区整体规划

（一）班级活动区的概念

活动区的概念最早由蒙台梭利提出，经过长期发展形成了现在的理论与实践系统。20世纪90年代，一些留学归来的学者从美国引入了区域活动的概念，在国外，活动区也称为学习中心（Learning Center）、游戏区（Playing Area）等。综合国内外研究，班级活动区是指教育者根据幼儿的兴趣与能力，在活动室内或室外设计多样化的情境，提供丰富的材料，让幼儿自主地探索和游戏的空间。班级活动区是幼儿主动建构的学习场所，是幼儿园课程实施的重要载体，为幼儿游戏提供丰富的材料。班级活动区的划分不是固定不变的，每个班级可以根据幼儿的兴趣和发展需要灵活设置。班级活动区也可称为活动区域或区角，如自然角、科学桌等。

2.区域活动

幼儿在不同活动区内进行的活动称为区域活动或区角活动。这种活动与幼儿的集体活动不同，因为在活动区内的游戏幼儿是以个人或小组的方式，自主选择、操作、探索、学习，在和环境的相互作用中，利用和积累、表达和修正自己的经验与感受。区域活动是幼儿在获得游戏体验的同时，获得身体、情感、认知及社会性等各方面发展的一种教育组织形式，幼儿在活动区的游戏与学习具有自主性、操作性、互动性。

（二）班级活动区的种类

对活动区的划分，在区域的名称上会有所不同，有的幼儿园按照国内对游戏的划分方法，设置创造性游戏活动区域，包括角色区、建构区、表演区、语言区、益智区、科学区、数学角、音乐区。此外，还要根据幼儿的兴趣和发展需要设置班级活动区，如有的班级的幼儿对手工活动特别感兴趣，可设置手工操作区；有的班级的幼儿对科学探究比较感兴趣，可以设置科学创造区。教师可根据班级幼儿的发展需要，设置积木搭建区、音乐表演区等，还可根据节日、社会生活，以及当地特色设置一些特色活动区域。各园、各班活动区的规模和种类是不固定的，从一般意义上讲，常见的活动区主要有以下几大类：角色游戏区（图3-1）、建构游戏区（图3-2）、艺术活动区、科学探索区（图3-3、图3-4）、语言学习区等。下面分别介绍这几种基本活动区的具体内容。

图 3-1

图 3-2

图 3-3

图 3-4

1. 角色游戏区

角色游戏是幼儿根据自己的兴趣和愿望，根据对生活的体验，通过想象和模仿，以角色扮演的方式，创造性地反映现实生活的一种游戏，是3~5岁幼儿特有的最典型的游戏。角色游戏区是幼儿开展角色游戏的场所，幼儿可以在各种各样模拟生活的场景中，按照他们对周围世界的认识和理解来扮演各种角色、诠释各种角色行为。角色游戏区给幼儿提供了一个大胆表达、交往的场所，同时也为幼儿提供了一个通过角色扮演体验角色特点、换位思考的机会。角色游戏能促进幼儿的语言发展、智力发育，以及社会交往能力等方面的提升，对幼儿表达、宣泄情绪能够起到良好的促进作用。角色游戏区是幼儿最熟悉的场所，是幼儿非常喜欢选择的游戏区。

常见的角色游戏区有娃娃家（图3-5）、厨房、医院、小卖部、超市（图3-6）、理发店（图3-7）、干洗店、餐厅、公交车、小火车、旅行团、博物馆（图3-8）、洗车房、4S店等。这些活动区都取材于生活，幼儿凭借对生活的理解选择活动区和角色，按照自己对生活的体验和理解开展游戏。角色游戏区的命名要贴近生活，如"宠物医院""美发间""我爱我家""加油站"等。

图 3-5

图 3-6

（a）

（b）

图 3-7

图 3-8

2. 建构游戏区

建构游戏是幼儿利用积木、纸盒、积塑等各种不同的建构材料构造一定的物体形象来反映周围生活的一种游戏。建构游戏区是幼儿利用各种不同的结构玩具或者结构材料，如积木、插塑片、金属片、泥、沙、雪等，通过与结构活动相关的各种动作构造物体形象的活动区。在建构游戏区里，幼儿通过拼拼搭搭，了解各种建构材料的性质，学习空间关系的知识，提高建构造型的审美能力；同时，通过游戏理解整体与部分的概念，增强对数量和图形的认识。建构游戏不仅有助于幼儿获得自由和快乐，而且幼儿的想象力、动手能力、创造力都可以得到发展，还可以让幼儿学会合作，培养耐心、协作、互助、坚持等良好的学习品质和行为品质。建构游戏区不仅可以建在室内，也可以建在户外。建构游戏区可以取名为"创意空间""建筑师之屋""拼拼搭搭"等。如图3-9~图3-14所示。

图3-9

图3-10

图3-11

图3-12

(a)

(b)

图3-13

图 3-14

3. 艺术活动区

艺术活动区是幼儿体验、欣赏、表达艺术美的区域，根据艺术表现形式，艺术活动区可分为音乐区（图 3-15）、表演区（图 3-16）、美工区（图 3-17）等，有条件的幼儿园还可以设置专门的美术功能室（图 3-18）和音乐表演功能室（图 3-19），供全园幼儿以班级为单位轮流使用。各班教师可依据具体情况和不同条件有选择地创设，并根据幼儿的兴趣和发展需要经常更换艺术活动区的内容和材料，为幼儿提供多种表达艺术美的机会，满足不同兴趣幼儿的学习需要。艺术活动区可叫"艺术摇篮""美工 DIY""我行我秀"等富有时代气息的名字。

(a)　　　　　　　　　　　　　(b)

图 3-15

图 3-16

图 3-17

图 3-18

图 3-19

4. 科学探索区

科学探索区是供幼儿种植观察植物、饲养观察小动物、探索研究自然科学现象、开展益智游戏的活动区域。在幼儿教育阶段，科学教育旨在通过给予幼儿亲身体验和学习的机会，激励幼儿主动进行科学探索和学习，感受、体验科学精神，从而获得有关物质世界及其关系的认识和经验。科学探索区通过提供适宜的物质材料，满足幼儿探索自然、关爱动植物以及动手实验探究、进行科学制作的兴趣和愿望。幼儿的科学学习内容比较广泛，包括生命科学和物质科学，对于不同内容的探究，科学探索区可设置不同的主题，提供不同的材料。如针对动植物的观察，可设置种植养殖区；针对物理现象的研究，可设置小小实验室；涉及数学学习的内容，可多给予一些操作玩具、练习材料。有条件的幼儿园还可设置供全园幼儿共享的科学实验室、动物饲养区和农作物种植园，以及棋类、益智类玩具区角，如图 3-20~图 3-23 所示。各班则可根据具体情况和条件设置不同内容的科学区角，如自然角、科学桌、益智区、棋类区等。科学探索区可取能够引起幼儿游戏兴趣的名称，如起名为"探索天地""科学空间""小问号室""聪明屋"，或根据具体主题命名为"水的世界""神奇的海洋""昆虫的秘密"等。

图 3-20

图 3-21

第三章 班级活动区的环境创设

(a)

(b)

图 3-22

图 3-23

5. 语言学习区

语言学习区是幼儿阅读图书和聆听、讲述故事、诗歌，与同伴交流、谈话的场所。语言学习区是幼儿进行听、说游戏的重要场所，在游戏中，幼儿的语言表达能力能够增强。根据不同的语言学习需要，语言学习区可分别设置成以听、赏为主的视听角（故事角）、"电视"和"收音机"，以阅读为主的图书角，以讲述为主的"自制小小图书馆"、图片故事角、新闻区和以交流为主的悄悄话角等，如图 3-24~图 3-28 所示。区域名称既要好听、有趣，又要新颖和个性化，如"书吧""聊天斋""读报亭""童话角"等。

图 3-24

图 3-25

图 3-26

图 3-27

图 3-28

二、活动区的价值和作用

活动区为幼儿提供宽松、自由的活动空间，幼儿在其中可以找到适合自己学习的最佳方式，体验快乐、成功和自信。具体而言，活动区的价值与作用主要体现在：

（一）为满足幼儿的游戏体验提供自由的场所

活动区具有开放性的特点，幼儿可以自由选择游戏区和游戏方式，幼儿在区内的活动以摆弄、操作材料为主。

有研究指出，幼儿园环境创设的作用体现在三个方面：第一，良好的环境可以提高幼儿的审美能力；第二，良好的环境有助于幼儿学习课堂教学内容以外的生活常识；第三，良好的环境有助于幼儿更好地开展课堂学习。相关研究发现，当前的幼儿园环境建设中存在多种问题，如，舒适度较低的环境降低了幼儿的学习效率，最终影响到幼儿身心的协调发展。① 区域环境创设对幼儿发展的价值主要体现在以下方面。

---

① 詹国芬. 幼儿园班级主题墙饰创设的策略［J］. 浙江教育科学，2012（2）.

为培养幼儿的创造性提供了充足的机会。《纲要》指出："应该支持幼儿富有个性和创造性的表达。应绝对尊重幼儿的意愿，不用自己的建议去左右他们的想法。"创设活动区的实质就是为幼儿提供一种自由、开放的游戏和学习环境，鼓励幼儿自由选择、自由探索，使幼儿在和环境的互动中获得情感、认知、能力等多方面的发展。实际上，21世纪的国家教育是要培养创造性人才，为国家的未来发展储备人才，为民族的兴旺提供创造性人力资源。区域环境创设正好承载了这种理念，游戏活动区可为幼儿智力和兴趣的发展提供最宽松的环境，为幼儿创造力的发挥提供最自由的氛围（图3-29）。具体表现在：

为幼儿提供继续探究学习的场所和机会，促进幼儿在自然、科学、社会、健康、艺术等各领域的认知和学习能力的发展。

为幼儿提供尽情游戏、表演、表现的空间，有利于幼儿情绪、情感的表达和宣泄，促进幼儿情绪、情感和社会性的发展。

为幼儿间的相互交流、合作提供空间，促进幼儿交往与合作能力的发展。

为幼儿提供自觉遵守规则和约定的机会，促进幼儿纪律性和责任感的发展。为拥有不同兴趣、个性的幼儿提供自由选择和发展的空间，满足不同兴趣和个性的幼儿的学习需要。

图 3-29

（二）为体现和塑造幼儿个性提供开放的环境

幼儿的个性发展和社会化离不开人与人之间的互相交往，这种交往在幼儿园主要体现为幼儿之间的相互作用。模仿是幼儿的天性，他们通过互相模仿、互相学习以及互相评价，逐渐建立和发展自我意识、自我形象。首先，许多幼儿在游戏过程中，往往不能有始有终，看到别人游戏就会转移注意力，去进行别的活动。这时需要教师进行引导，鼓励幼儿把事情做完、做好、专心致志。其次，对失败后不灰心的幼儿，教师应及时给予鼓励，然后请他再重做一次，引导幼儿养成一种锲而不舍的精神。最后，帮助自卑的幼儿树立自信心。有的幼儿对自己缺乏自信心，比较胆小、懦弱，说话声音小，认为自己什么都不行，消极被动。对这样的幼儿，教师一方面要多接近，多给予鼓励；另一方面，教师要对这部分幼儿多提问，多请他们做流动人员，鼓励他们和同伴大胆交往，给他们锻炼的机会，使他们在实践中增强自信心，让幼儿在自主游戏中，发展能力，锻炼意志，逐步摆脱依赖性，并体验经过努力后获得成功的喜悦，增强战胜困难的勇气和信心。

在自主游戏中，教师要放手让幼儿按自己的意愿，独立自主地选择游戏，做到"放""导"结合，努力增强幼儿的自主性，注意培养幼儿的良好个性，使他们能主动探索知识，形成良好的习惯（图3-30）。

图3-30

因此，活动区的创设和幼儿园其他工作一样，是一项重要而基本的工作，是教师整体教育素质的重要体现。科学规范和富有创造性地创设活动区是每一位教师必备的基本功。

三、班级活动区的整体规划指导

活动区的总体安排和布置是活动室环境创设的一个重要组成部分，所以，区域整体规划应与本班总体环境创设有机协调，形成一个和谐、自然、生动、有序的整体和状态。活动区的种类多种多样，每个班级如何根据实际需要和现实条件选择活动区内容，如何根据活动区内容和班级总体格局规划活动区位置，如何根据需要科学地投放活动区材料，如何做好活动区的间隔、设计标志等，都是需要解决的问题。

区域环境创设与活动指导主要包括区域空间布局、材料选择与投放、活动的开展、活动的观察记录、活动的指导、活动的评价等几个方面。其中，区域空间布置和材料投放是区域活动的基础。[①] 从环境创设的角度而言，班级活动区的整体规划主要包括确定活动区内容、规划活动区位置、投放活动区材料、设置活动区间隔、设计活动区标志，具体的内容可根据班级幼儿的特点和兴趣需要而定。

（一）确定活动区内容

班级活动区整体规划的第一步是确定设置哪些活动区，不同内容的活动区对幼儿的全面发展有不同的作用。如表3-1所示。[②]

---

① 何艳萍. 幼儿园区域活动实践与探索［M］. 北京：北京师范大学出版社，2010.
② https://wenku.baidu.com/view/e35a1533eefdc8d376ee3280.html

表 3-1　各活动区的作用

区域	认知	情感与社会性	语言	品德	各种能力
角色游戏区	加深生活印象，使有关的社会生活知识和经验系统化	学习人际交往规则；学习社会角色行为；学习理解他人的情感；增进同伴关系，发展合群性；学习自我控制	增强语言交往	培养幼儿正确使用礼貌用语，遵守游戏规则和公共秩序	发展社会认知能力；学习想象、表征能力；通过自编、自导、自演的活动，激发创造潜能
建构游戏区	认知基本形状，学习分类、排序等；形成大小、多少、长短、宽窄等概念，感知比例关系	体验创造与成功的喜悦，培养专注力；学习协商沟通等人际交往技能，学习与人合作、分享		有利于幼儿合作意识的培养和收放玩具等良好行为习惯的养成	发展空间想象能力和表征能力
美工区	使幼儿认识各种材料的性能并掌握绘画、泥工、剪贴、小制作等技能	广泛接触自然、艺术，增强幼儿对美的感受力、表现力、创造力，陶冶美的性情和品格			发展幼儿的观察力、想象力和创造力；发展幼儿小肌肉动作和协调能力
操作区	认识各种操作材料和工具	培养幼儿为自己和他人服务的意识，增强自信心，形成良好的自我形象；感受到自己是个有用的人			
益智区	认识各种棋类，并掌握玩法；学习数的概念、几何形体概念，理解长度、形状、空间方位、部分与整体的关系等；学习分类	培养幼儿竞争意识，使之学会发现问题、解决问题		培养幼儿谦让、礼让等良好品格	培养幼儿的思维能力、创造能力和分析问题、解决问题的能力；培养幼儿的动手能力

续表

区域	认知	情感与社会性	语言	品德	各种能力
科学探索区	在观察、操作和科学小实验中，了解简单的物理、化学现象及简单的科学常识	激发幼儿操作与探索的兴趣；学会发现问题、解决问题		培养幼儿的坚持性和忍耐力	培养幼儿的探索能力、创造能力
语言阅读区	丰富幼儿的各种知识，发展幼儿创造、讲述的能力	善于捕捉生活中的新闻消息，且乐于表达	培养幼儿的阅读兴趣、阅读习惯和语言表达能力	培养幼儿爱护图书、互相谦让等良好品德	启迪幼儿的智慧，使之学会看书的方法
表演区	掌握一些歌舞剧、木偶剧、童话剧的表演技能	培养幼儿热爱生活的情感和感受美、表现美的情趣	增强幼儿语言表达的连贯性	了解人世间的真善美、假丑恶，知道正义一定战胜邪恶	培养幼儿的创造表演能力

教师应依据本园、本班的实际情况，有选择地规划安排活动区的种类和数量，使活动区的内容尽量丰富、合理。在确定活动区内容时，应考虑的因素包括：本园、本班的具体条件（如活动室的空间大小、格局、形状、现有的资源等）、幼儿人数、年龄特点，以及近期教学活动和主题活动内容，等等。

1. 根据班级活动室面积确定

活动室的面积直接影响班级活动区的创设规模。一般情况下，每个活动区平均可容纳5~6名幼儿活动，因此，若活动室面积为60~80m^2，班级幼儿人数为30~35人，则设置5~6个活动区为宜，这样班级人数和活动区总人数基本相当，既能保证每个幼儿都可选择一个活动区，又能保证活动室和活动区不会太拥挤。

有的班级活动室面积有限，教师应充分利用一些"半室外"空间，如巧妙利用阳台、走廊、楼道、装有护栏的阁楼等设置一些特殊区域，以扩充活动区。如有的幼儿园将自然角、体育活动区、表演区安排在走廊、阳台、楼道等处；将悄悄话角、图书角、益智区等需要安静的区域设在寝室或阁楼的能被教师观察到的地方；有的还在宽阔的走廊和门厅等处设置与其他班级合用的公共区域，使空间利用最大化，同时又能实现教育资源共享。

2. 根据班级幼儿年龄确定

各年龄班幼儿发展特点不同，选择的区域内容也应不同。小班幼儿的学习与发展重点是语言、动作、情感，因此比较适合设置娃娃家（图3-31）、视听阅读区、音乐区、美工区等；中班幼儿的学习与发展重点是规则意识、学习能力，因此可以设置"超市"、"美发店"、建构游戏区、科学探索区等；大班幼儿的学习与发展重点是学习能力、交往能力、创造能力，因此宜选择设置科学探索区、角色游戏区、益智区、建构游戏区（图3-32）等。

第三章　班级活动区的环境创设

图 3-31

图 3-32

3. 根据班级主题确定

在一般的幼儿园，各班都会建立几个相对固定的常规活动区，如图书角、自然角、美工区等。有些幼儿园班级的活动区内容是以活动主题为中心展开的，随着主题的推进，区域内容不断更新调整、充实变化，使区域活动与班级主题活动保持一致、互补互进，发挥教育和环境的双重作用。如有的班级在做"56 个民族是一家"的主题时，将民族服饰、乐器、音乐投放到"我型我秀"表演区，把民族特色小吃的自制材料投放到"民族小吃店"，把手工材料、民族服饰的图片投放到美工区，把活动区的设置与主题活动的进展相协调，如图 3-33 所示。又如有的班级在做"我要上小学了"的主题时，把文具、自制时钟表、幼儿的行为图片投放到语言学习区，将角色游戏区设置成小学，将衣服投放到"我会整理"的手工区，如图 3-34 所示。

图 3-33

图 3-34

（二）规划活动区位置

确定好活动区的内容之后，教师需要根据活动室的大小、格局和各区域的特点合理规划每个活动区的位置及占用空间。

1. 根据活动室整体格局规划

确定活动区的位置时，首先要考虑活动室的整体格局，合理安排集体活动区、生活活动区的位置；然后再结合每个区域的特点、要求及与其他区域之间的关系，规划不同活动区的位置。

为了幼儿的安全，以及为幼儿的集体游戏活动留出空间，活动区最好安排在活动室的四周，这样既可以保证活动区的相对稳定、固定，又可以使活动区少受干扰。同时，应把活动室的中央空出来，作为开展集体游戏活动以及进餐的地方，平时则作为幼儿进出的通道。此外，还要充分利用阳台、走廊、小阁楼等设置一些特殊的区域，既合理利用有限的空间资源，符合因地制宜的原则，又使活动区的创设更加灵活多样。如图 3-35～图 3-37 所示。

图 3-35

图 3-36

图 3-37

2. 根据活动区特点规划

规划好活动区整体位置之后，教师要为每一个活动区确定具体位置。规划各区域的位置时，应当考虑每个区域的特点和要求，处理好与其他区域之间的关系，力求既方便各区域活动的开展，又尽量避免区域间的相互影响和干扰。比如，美工区、科学探索区要离水源近，图书区要求采光好，比较热闹的区域可以相邻，安静与热闹的区域必须隔开，等等。一般来说，需要考虑的因素包括：

（1）面积。一般而言，开放的区域，如表演、建构区，人数多，肢体活动量大，比较热闹，应安排较大、较宽阔的活动空间；而相对封闭的区域，如阅读区、科学探索区需要安静，人数较少，可安排小一些的空间。

（2）采光和用水。对采光和用水有要求的区域应特殊安排，如图书角应设置在光线充足、靠窗户的地方；自然角也可直接设置在阳光充足的靠窗户的地方、阳台或走廊；科学探索区、美工区需要用水，应离水源较近。

（3）安静与喧闹。为避免区域活动之间相互干扰，应将喧闹的活动区与安静的活动区分开，如益智区、阅读区、科学探索区应与建构游戏区、表演区分开；应将相对安静的区域或相对喧闹的区域以及可以跨区互动的区域放在一起，使之相邻，如益智区宜与阅读区相邻，表演区可与美工区、建构游戏区相邻。

其实，如何安排活动区的位置没有一个固定的模式，每个活动区都有几个理想的位置。在规划活动区位置时，既要满足每个区域的特殊要求，又要协调好区域间的关系，将区域间的干扰和影响减至最低程度，为每个区域选择最佳位置，使整个区域布局更加合理。

（三）设置活动区区隔

设置活动区区隔是将区域与区域之间用某种材料和方式隔开，使之有明显的界线。合理的区隔设置能使区域与区域之间既相互连接，又相互独立；既自然流畅，又界线分明，其作用不可小觑。

1. 设置区隔的作用

设置区隔，将活动区相对划分出界限，使活动区整齐有序，可避免幼儿到处游荡、随意穿梭和无所适从。

设置区隔，区域范围相对固定，方便幼儿在活动区内更加专心地玩游戏。

设置区隔，方便幼儿在本区域内拿取和归放材料，有利于帮助幼儿养成良好的行为习惯。

2. 设置区隔的材料和方式

在设置活动区时，要注意合理设置区隔。首先，应根据各种材料的特点，巧妙选择并充分利用它们的特殊功能，做到物尽其用。比如，可用廊柱、柜子作为区隔。区隔的材料可大可小、可高可低（以不超过幼儿身高为宜），使用大小不同的材料作区隔能使整体区域创设高低有别、错落有致，呈现意想不到的效果。区域设置不是一成不变的，区域的大小、隔断可以经常调整，因需而变。例如：两区域间关联较大且允许幼儿跨区活动的，教师可撤掉柜子或桌子，只在区域内铺上不同颜色或图案的地垫，使区域与区域间似隔非隔、隔而不断，既能加强两区域间的联系，增进幼儿间的交往，又使整体区域布局更加灵活多变、自然和谐。如图3-38、图3-39所示。

图 3-38

图 3-39

可作区隔的材料丰富多样，包括墙面、廊柱、矮柜、书架、桌子以及其他物品，如积木、帘子、屏风、挂饰、地垫等。

（1）墙面、廊柱不可移动，可作固定区隔，如图3-40所示。

图 3-40

（2）较大的柜子、桌子可作区隔。较大的桌子、柜子正好放在需要有较多材料的区域，既能隔开区域，又可存放材料或作展台，如图3-41所示。

图3-41

（3）积木可作区隔，如图3-42所示。

图3-42

（4）布帘可作区隔。布帘温馨，给幼儿以家的感觉，适合放在开放性区域，如表演区、娃娃家之间（图3-43）。

图 3-43

（5）屏风、架子可作区隔。屏风、架子自然地隔开两区，好看且实用，如图 3-44、图 3-45 所示。

图 3-44

图 3-45

（6）地毯或地垫可作区隔。不同颜色、图案、材质的地垫或地毯既可作为区别不同区域的界线和标志，又可让幼儿在活动时随意地躺、坐，一物多用，如图 3-46 所示。

第三章 班级活动区的环境创设

图 3-46

（四）设计活动区标志

设计活动区标志是为每个区域设计能代表其内容、要求和特点的标志性文字或图案，帮助幼儿认识、区别不同的活动区。

活动区标志作为特定环境中的一种认识工具和表现手段，有利于增强幼儿对区域活动的了解和兴趣，较之于纯文字标语或言语指令，活动区标志具有的直观性更符合幼儿的认知特点，也更容易被幼儿感知、接受和模仿。

根据活动区标志的作用，可分为区域名称标志、材料分类标志、区域规则标志、操作程序标志等。

1. 设置区域名称标志

为了方便幼儿识别和选择，需要给活动区取一个简单明了且好听的名字，要能体现出活动区内容；然后做一个标有区域名称的标志，区域名称标志一般应图文并茂，并张贴或者悬挂于区域正面醒目的地方，如在与入口处相对的墙面上或入口处的柜壁上张贴区域标志。如图 3-47~图 3-52 所示。

图 3-47

图 3-48

图 3-49

图 3-50

图 3-51

图 3-52

2. 设置材料分类标志

材料分类标志就是用于表示材料分类和存放位置的标志，它可以帮助幼儿更方便地选择、拿取材料和将材料正确归位。材料分类标志可以是材料本身或图片和照片，便于幼儿直接找到标志，将材料归位（图 3-53）；也可以是数字、图形等抽象的符号（图 3-54）或者用文字直接写出材料的名称（图 3-55、图 3-56），能在幼儿归放材料的同时引导幼儿识数、识字，提升幼儿的认知水平。分门别类地放置材料且贴有明确的标志，不但可使区域的布置井然有序、一目了然，也可引导幼儿在活动结束时以分类或配对游戏的方式将玩具送回。

材料分类标志一般直接画在或张贴在玩具柜、材料架或塑料筐（盆）等相对应的位置上，直观地引导幼儿正确拿取和归放。

图 3-53

图 3-54

第三章 班级活动区的环境创设

图 3-55

图 3-56

3. 设置区域规则标志

区域规则标志就是以文字、图案等形式直接告知幼儿在区域活动中应遵守的相关规则。幼儿在区域活动中处于一种开放的、动态的、民主的状态，直观、明确的规则标志能够对幼儿遵守规则起很好的提示或暗示作用，有利于帮助幼儿在区域活动中规范言语和行为，保障区域活动的顺利开展。

常见的区域规则标志有：

（1）提示性规则标志。主要提示幼儿在活动区内应该注意的问题和遵守的规则，如图 3-57~ 图 3-60 所示。

图 3-57

图 3-58

图 3-59

图 3-60

（2）禁止性规则标志。明确提示幼儿在该区活动不应该做什么、应该怎么做，图文结合，适合幼儿理解和操作，如图3-61所示。

图3-61

（3）进区卡标志。进区卡是一种特殊的规则标志，是幼儿进入活动区的凭证，进区卡起控制各区域人数的作用，一般在活动区入口处设置几个挂钩或几个插袋，就表明该区域只能进入几个人。幼儿入区时将个人进区卡挂在挂钩上或插入插袋内，一卡一钩或一卡一袋，挂满或插满了则表明本区人数已满，想进去的幼儿应自觉离开，另选其他区域活动。如图3-62~图3-66所示。

进区卡是幼儿参加区域活动的身份标志，教师要尊重本班幼儿的兴趣和意愿，与幼儿一起商量，共同设计和制作有特色、有个性的进区卡。

图3-62

图3-63

图3-64

图3-65

图 3-66

4. 操作程序标志

操作程序标志是以简单的图示标明手工和玩具制作的步骤，或给出活动的操作程序的标志，能帮助幼儿更直观地理解活动的内容、步骤和要求。如图 3-67~图 3-70 所示。

操作程序标志一般用透明胶带直接贴在活动区的柜壁、墙壁以及柜子的表面等处。

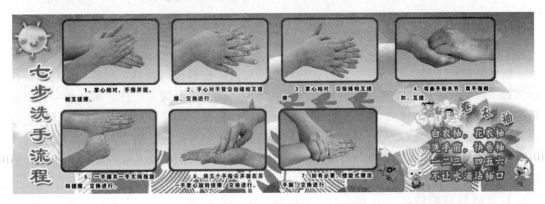

图 3-67

图 3-68

图 3-69

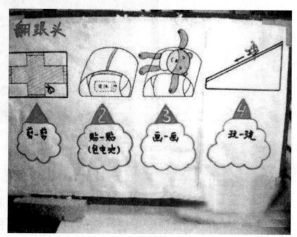

图 3-70

（五）投放活动区材料

材料是制作工具、产品等的物质。对幼儿园而言，材料包括教具、玩具、工具和各种自然物、废弃物，是幼儿学习、游戏以及开展各种活动的重要媒介。在区域活动中，材料是物化了学习内容和目标的载体，幼儿主要通过操作材料与环境互动，从而获得认知、情感和社会性的发展。活动区材料的投放包括投放什么、如何投放，直接关系着幼儿在活动区内活动的开展，影响着幼儿与环境互动的质量，当然也决定着幼儿在活动区中能够获得的发展。

1. 区域材料的种类

按材料的来源途径来分：市场上购买的；教师收集和自制的（图 3-71）；家长和幼儿

收集提供的等。

图 3-71

按材料的性质特点来分：原材料；半成品材料（图 3-72）；成品材料；辅助性材料；自制玩具等。

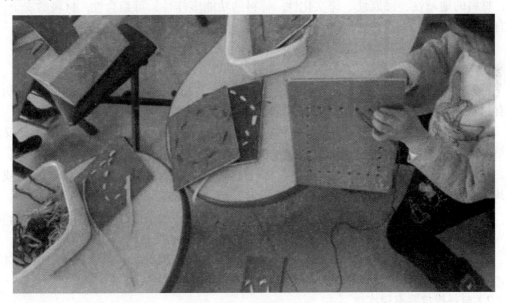

图 3-72

按材料的主要用途来分：探究性材料（图 3-73）；表演性材料；建构性材料；展示性材料；游戏性材料等。

图 3-73

2. 区域材料投放的原则

教师在区域材料的选择和投放上应充分考虑和关注材料的自然性、可操作性、可变性；材料的地域性、民族性、跨文化性；材料的功能多样性、可组合性；材料的安全性、适宜性、实用性。

区域材料投放还应具体遵循以下原则和要求：

1）材料投放要丰富多样

首先，材料数量要充足。材料数量应与幼儿的人数相匹配，以保证区域内每一个幼儿都有材料进行操作和玩耍，避免因材料不够而发生矛盾和冲突。

其次，材料品种要多样。多样化的材料既能引发、支持幼儿进行多方面的探索，又能带给幼儿广泛的信息和经验，还能激起幼儿不断深入探索和更积极参加游戏的兴趣。当然，材料丰富多样并不意味着越多越好，材料过多反而会使幼儿眼花缭乱、不知所措或分散其注意力。适宜适量、符合幼儿的操作需要才是最重要的。

另外，材料来源和结构要丰富。投放在区域中的材料应既有购买的，又有自制的；既有成品材料，又有半成品材料；既有探究性材料，又有工具性材料。如高结构的仪器、工具、成品玩具，低结构的纸片、线绳、珠子、扣子和无结构的水、沙、石子、废旧材料等，以此来满足幼儿学习和游戏的需要。

2）材料投放要有层次性

只有富有层次的材料才能满足不同年龄特点、不同能力水平、不同兴趣的幼儿的游戏和学习需要。投放有层次性的材料包括：

首先，为不同年龄或不同发展水平的幼儿提供不同难度和操作特点的材料。小班幼儿喜欢独立的、简单的游戏，应投放以独自操作为主、适合直接操作的简单材料，且遵循

"少品种、多数量"的原则，满足多个幼儿同时独立游戏的需要；应为中、大班幼儿提供品种丰富的、操作难度大一些的材料，如：适宜做不同组合和做多方面探究的具有开放性的材料和适宜合作完成的材料。

其次，为相同年龄的幼儿或同一活动区提供不同难度的材料，满足不同发展需要和不同能力水平的幼儿的学习需要。如为中班娃娃家提供用海绵做的"豆腐块"、报纸团做的"汤圆"、蚕豆、绿豆等"食物"，提供勺子、筷子等餐具，让幼儿在游戏中锻炼小肌肉群。

最后，为同一活动区内兴趣不同的幼儿投放不同品种的材料。多种类、多质地、多色彩、多功能的材料既能为同一幼儿的操作探索提供广阔的空间，又能满足不同幼儿的学习兴趣和需要。

3）材料投放要有启发性、趣味性

投放的材料要尽可能激发幼儿从事相应智力活动的兴趣。如为发展幼儿的语言表达和讲述能力，教师将语言学习区设置成"快乐的周末"，让幼儿讲述自己的周末经历，同时跟美工区结合，让幼儿将自己的经历画下来，制作成小图画书，再投放到语言学习区，拓展幼儿的语言讲述活动（图3-74）；为了鼓励幼儿进行科学探究，在科学探索区投放幼儿喜爱的科学类玩具，引发幼儿的探究行为。

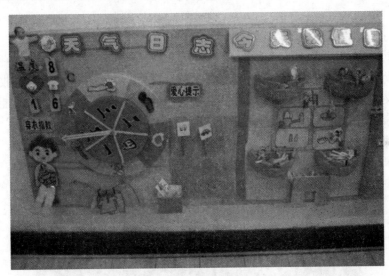

图3-74

4）材料投放要经常变化

经常变化的环境才更有吸引力，活动区的材料投放必须具有动态性。教师应根据幼儿的游戏兴趣和学习需要及时进行调整，定时更新材料。经常变化并不是指将原来的材料全部换掉，适当地删减、更换、增添以及将材料进行不同的摆放和组合都会使材料处在一种变化之中，常变且常新。

5）材料投放要因地制宜、利旧利废

材料没有好坏之分，只有性能和作用的不同。投放于活动区的材料不应一味追求"高、精、尖"，而应以实用、有用、耐用和一物多用为原则。利用周围环境中随手可得的自然物、废弃物和用它们制作的玩具、教具才是区域活动中最值得提倡和应大量投放的材料，它符合因地制宜、利旧利废的原则（图3-75）。

图 3-75

6）材料投放要获得家长的支持与配合

家长和幼儿都是区域材料的收集者，幼儿园应充分利用家庭、社区的各种教育资源，调动家长和幼儿一起参与材料的收集和准备工作，这样既可以减轻教师独自收集资料的负担和困难，又能使活动区的材料更加丰富和全面。另外，家长提供的材料可能更专业，也可能更带有家的气息和特色，当然也更为孩子们所熟悉和喜欢。如"木工区"的材料很特别，一般不太好收集，教师可以请身为木工、技师、工程师的家长提供锯子、刨子等工具以及相关的木工作品图片等（图3-76）。一般来说，家长既已收集和提供材料，也定会积极关注或亲身参与幼儿的区域活动，会给区域活动的顺利开展带来意想不到的惊喜和效果。

图 3-76

3. 区域材料的管理和使用

活动区的材料品种多、数量大，只有对其进行科学化的管理和使用，才能最大限度地发挥材料的教育作用。材料的管理和使用包括分类、整理、摆放、归位和保存等工作，教师应意识到这也是很好的学习活动，应该引导幼儿全程参与。

1）分门别类整理和摆放材料

应根据材料的特征、性质和作用进行归类整理，并分别装在不同的材料筐中（包括盒子、篮子、盘子、架子、柜格等），如图3-77~图3-80所示。

图3-77

图3-78

图3-79

图3-80

在开放的桌子、柜子、架子或地面整齐地摆放材料，并贴上图案或文字标记，标明材料的位置，供幼儿自由选择和取放。

2）及时收捡和将材料归位

为了幼儿充分、方便、有序地使用材料，教师必须和幼儿一起制定相关的材料使用规则，并以各种方式督促幼儿遵守。例如：在活动区内用图案或文字的形式贴出相关规则和要求，以时刻提示幼儿。

第二节 班级活动区的环境布置及材料投放

  一、生活游戏区的环境布置及材料投放

生活游戏区是为增强幼儿的社会性而设定的，一般要在班级内设置游戏区，给幼儿游戏的机会。有条件的幼儿园还可设立专门的生活游戏室，设置娃娃家、"商店"等游戏区并配备相应的家具和设备，就如同一个微型社会，幼儿置身其中有身临其境的真实感，会大大刺激幼儿扮演和游戏的欲望，也能够让幼儿表现出自己的生活经历和态度。

不管怎样，各班在设置生活游戏区时都应依据幼儿的兴趣和实际需要做出选择，并尽量真实反映社会生活，创设能够让幼儿获得生活体验的活动环境。

（一）依据目标确定内容

生活游戏区的目标主要有：

（1）体验社会生活，学习社会性行为。

（2）与同伴积极互动，学习交往的技能。

（3）大胆表现、表达，抒发情绪、情感，体验游戏的快乐。

（4）充分发挥想象力、创造力。

为了达到以上区域目标，在班级生活游戏区的内容选择上，要注意总体上可按照年龄段区分。比如：小班幼儿需要尽快适应幼儿园生活，并喜欢上幼儿园，活动区的设定要配合这个目标。娃娃家、医院、厨房等是小班幼儿日常生活中接触最多的场景，是他们最熟悉的环境，在幼儿园设置这样的活动区，小班幼儿能够投入其中，在体验游戏的过程中，获得社会性发展。中班幼儿已经具备规则意识，但是自控能力还有所欠缺，经常出现明知故犯的情况，在区域目标上，幼儿需要学会遵守规则，并且大胆尝试、乐于表达，尝试与同伴合作。超市、玩具店、水果店、餐厅、银行、加油站、理发店这些与社区生活息息相关的场所是最适合为中班幼儿设置的，让幼儿在体验游戏的过程中，初步掌握生活能力，为其更好地适应社会提供良好的氛围，同时也为促进幼儿的全面发展提供最有利的帮助。大班幼儿的规则意识已经形成，社会交往能力也有了很大提升，这个阶段要重视幼儿的创造性发挥与合作交往能力，以及幼儿对社会生活的认知与适应。区域目标主要是让幼儿敢于大胆尝试与表达，能创造性地表现社会角色，有较强的合作精神和社会交往能力，有一定的社会适应性。特色小吃店、4S店、公交车、消防站、博物馆等是幼儿开始融入社会比较感兴趣的地方，幼儿从关注自我转向关注社会生活，对不同场所的特点、不同职业的特点十分感兴趣，因此，活动区内容选择的范围比较广泛。

另外,幼儿园和班级还可以根据社会大事件、办学特色、主题活动等,选择设定一些特定的活动区。

(二)规划生活游戏区的位置与格局

1. 面积要求

寻找面积大的活动区位置。角色扮演区需布置场景,摆放道具,幼儿有大量的肢体活动,因此活动空间应足够大,能容纳6~8人活动。

2. 相邻区域

与热闹的区域相邻。宜与同样喧闹的区域,如建构游戏区、艺术表演区相邻,远离语言学习区、益智区等需安静活动的区域。

3. 区内格局

尽可能将各种主题的游戏区划分出小的区间,增加游戏的内容,如"娃娃家"可分为厨房、客厅、卧室等小区;"医院"可设挂号室、诊断室、注射室和内科、外科、牙科等。这样既可以更真实地再现社会生活,又有利于进行多重体验和角色扮演。为了节省空间,教师应灵活使用区域内的家具,如柜子、桌子、架子、帘子、地毯等作区隔,使区域既自然分区,整体上又协调。

(三)投放材料

生活游戏区的材料投放应依据不同主题内容提供不同的场景设备、表演道具和游戏材料,常见的环境创设和材料投放举例如下。

1. 娃娃家

娃娃家(图3-81、图3-82、图3-83)可投放以下材料:

家具类:桌椅、床、沙发、衣柜、梳妆台等。

厨房用具类:烧火灶台、煤气炉、锅、勺、铲、菜板、菜刀,以及各种餐具和茶具等。

家电类:电视机、电冰箱、洗衣机、空调、微波炉等。

各式娃娃:普通娃娃、智能娃娃、芭比娃娃等。

图 3-81

图 3-82

图 3-83

2."医院"

"医院"（图 3-84、图 3-85）可投放以下材料：

家具类：门诊桌椅、挂号台、药品柜、收银台、手术台、电脑模型等。

医疗用品类：听诊器、注射器、手电筒、压舌板、吊瓶、镊子、剪子、手术刀、棉签、纱布、绷带等。

装饰类：医院标志、红十字、医用宣传画等。

服装类：白大褂、医生帽、护士帽、手套等。

图 3-84

图 3-85

3."银行"

"银行"（图 3-86、图 3-87）可投放以下材料：

家具类：工作台、取款机、钱柜等。

服装类：工作人员服装。

图 3-86

图 3-87

4."超市"

"超市"（图 3-88、图 3-89）可投放以下材料：

家具类：收银台、柜台、货架、店名牌匾等。

货品类：文具、玩具、食品、饮料、鞋帽、服装，以及各类水果。

用具：收银机、天平秤、电话机、价签、纸币、票据、包装袋、购物筐、纸、笔等。

图 3-88

图 3-89

（四）生活游戏区的引导

生活游戏区创设完成后，要培养幼儿在游戏区内养成良好的行为习惯。

1. 重视家园合作

生活游戏区的活动内容主要来自社会生活和家庭生活，因此家长的参与十分重要。活动游戏区的主题确定、材料准备、创设布置等都可以和家长共同合作完成。如请家长提供空化妆品盒、空化妆品瓶、废旧小家电，以及幼儿不穿的小衣服、小鞋子等，家长一般都会尽力提供支持和帮助。家长的参与不但可以增进家庭和幼儿园的关系，加深家长与教师间的友谊，还会因材料大多来自幼儿的家庭，为幼儿所熟悉和更充满家的味道而提高幼儿的参与率，从而达到事半功倍的效果。

2. 引导幼儿有序取放玩具

教师要注意引导幼儿养成良好的行为习惯，生活游戏区的玩具种类繁多，且多数不容易收纳，为直接摆放，因此要引导幼儿爱惜玩具、轻拿轻放，并物归原处。

3. 协助幼儿推进游戏进程

很多时候，幼儿在进入生活游戏区前，会因为选择扮演角色发生冲突，会因为生活经验不足而使游戏过于单调。针对这些现象，教师可通过增加材料的种类和数量、丰富幼儿相关经历等方法，推进游戏进程。比如在"医院"这个活动区，幼儿因为抢角色而发生了冲突，教师就先选出"院长"，由"院长"和大家商量谁扮医生、谁当护士、谁负责挂号，病人则大家轮流来当。

教师还要适时适当介入，指导幼儿的游戏活动，推进游戏进程。介入方式主要有垂直介入、平行介入、交叉介入。垂直介入就是用旁观者的语气、态度给游戏者提供一些建设性意见或者直接以教师的身份对幼儿的某些行为做出要求。如对娃娃家中只一味炒菜的孩子说："你是不是炒菜给你的家人吃？""你要不要铺上桌布，摆上碗筷？""你的家人都等着你喊他们吃饭呢！"这种间接和巧妙的提示可以帮助幼儿丰富游戏内容，将看似没法继续的游戏活动进行下去。平行介入就是在幼儿的游戏行为过于单调、游戏就要中止的情况下，教师与幼儿扮演同一个角色，从事同一项活动，用行动或者语言暗示幼儿，帮助他们拓展新的游戏内容。如娃娃家里幼儿扮演爸爸妈妈时总是只给娃娃穿衣服、脱衣服，这时教师走过去，也抱着一个娃娃，跟他说："宝贝，你是不是饿了，我给你做饭吃吧。"教师给予幼儿暗示，让原本几乎要中止的游戏有了新的内容。当教师以游戏中的一个角色，特别是一些新的和较难扮演的角色，如商店店长、城管员、小区业主等和幼儿一起游戏时，这就是交叉介入。教师不能过多干预幼儿的活动，尤其不能直接指挥幼儿，这种反客为主的做法会扼杀幼儿的想象力和创造力。

二、建构游戏区的环境布置及材料投放

各种积木和拼插玩具是幼儿建构的主要材料，也是幼儿时期孩子们最喜欢的玩具之一。建构材料具有开放性，幼儿可以随便拼摆，变化无穷，无限组合，极具挑战性；也可还原和再创造，幼儿喜欢重复做一些事情，建构材料正好可以建好了拆、拆了再建，符合幼儿的心理需求，所以深受幼儿的喜爱。如图3-90、图3-91所示。

图3-90

图3-91

建构材料多种多样，既有大的，又有小的；既有木质的，又有塑料的；既有画有图案的，又有没有图案的。此外，还有各式各样形状的建构材料。

（一）依据目标确定内容

建构游戏区的教育目标主要是：

（1）获得动手玩耍的满足，体验游戏的快乐；学习合作、分享等亲社会经验，提高社交、合作的技巧和能力。

（2）获得数学学习的体验。如：认识基本的几何形状；学习分类与排序；建立初步的数的概念；感受和创造不同的比例关系；了解大小、多少等概念。

（3）学习和掌握有关的空间概念，初步建立平衡、对称、重心等概念。

（4）增进大、小肌肉发展。发展空间感知能力、组合能力、构造能力，提高想象力和创造力。

为了达到这些目标，促进幼儿大肌肉动作发展和幼儿对数的概念、几何立体概念的了解，加强幼儿对社区、交通等情况的认识，可设置室内建构游戏区和室外大型积木区。同时，为了促进幼儿小肌肉群的发展和对造型的追求，以及加深对数量的认知，可设置拼插玩具区。

（二）规划建构游戏区的位置与格局

1. 面积要求

建构游戏区有积木区和拼插玩具区两大类，积木区又分为室内积木区和室外大型积木区。室内积木区有大量的积木和辅助性材料，设置时应选择一面靠墙的地方，且远离教室中央和门口，应安排较大的空间，且宜设置成开放性区域；室外大型积木需要大柜子来盛放，且需要一个开放的区域来搭建；拼插玩具区的空间可以小些，主要需要操作的桌子。

2. 相邻区域

室内建构游戏区宜与安静的区域隔开，如远离语言学习区、益智区，以免嘈杂声干扰这些区域的活动；可与美工区、角色扮演区等喧闹的区域为邻，且可与这些区域进行跨区活动。室外建构游戏区的位置选择较为自由，只要注意避免与跑道、大型游戏器械区隔开就可以了。拼插玩具区与图书角隔开即可。

3. 区内格局

为使空间更宽敞，且不限制幼儿的想象和创作，室内建构游戏区不适宜摆放桌椅，适合在地面铺上地垫或地毯，这样既方便幼儿随意坐在上面拼摆、建构，又能减少搬动和拼摆积木时发出的声响，降低对其他区域活动的干扰。可用有多层格子的矮柜或大积木、纸箱等作区隔，墙面贴上图片、照片等，拓展幼儿的搭建想象力；柜子前可用彩色油漆画出或用胶带贴出一条界线，提示幼儿在线外搭建，避免搭建活动与取放积木发生冲突。室外建构游戏区要设置大型玩具柜盛放积木和辅助性材料，选择光滑的平地，同时可投放一些小手推车、假树等辅助性材料。拼插玩具区除需要玩具柜和桌子以外，还可以贴一些相关造型的图片和照片。如图 3-92~ 图 3-94 所示。

图 3-92

图 3-93

图 3-94

（三）投放材料

建构游戏区的基本材料是各种各样的积木，且以不同大小的木质积木和不同形状、色彩的塑料积木（也称积塑）为主。如图 3-95、图 3-96 所示。

图 3-95

图 3-96

1. 室内建构游戏区

可投放以下材料：

积木类：木质积木。小班积木的造型应多样化，中、大班以造型简单的长条为主。

还可以提供一些辅助材料：

交通工具模型：小轿车、公共汽车、火车、自行车、飞机、小船，以及各种交通标志等。

迷你家具模型：各式各样的小房子、桌子、柜子、椅子、小床等。

动植物模型：小兔子、小狗等小动物和小树、小花等小型植物。

人物玩偶：警察、邮递员等各种职业以及大人、小孩等不同年龄、性别的人物形象。

辅助工具：剪刀、线绳、纸、笔以及纸盒、塑料片等废旧物品，供幼儿使用。

2. 室外建构游戏区

可投放以下材料：

积木类：大型环保型积塑。

家具类：玩具柜。

辅助材料类：手推小车、假树、假花、桥、红绿灯、桌子、椅子等。

3. 拼插玩具区

可投放以下材料：

积木类：各类拼插玩具。

家具类：玩具柜、桌子、椅子。

辅助材料类：积塑造型照片。

（四）建构游戏区的引导

建构游戏区是最受幼儿欢迎的活动区域，区域材料丰富多样且易操作，但若不注意引导，可能会出现入区人数减少、争抢玩具、破坏他人游戏，以及玩具不收拾或不归位等现象。因此，教师应注意从以下方面进行引导。

1. 重视幼儿参加活动的兴趣

尽管建构游戏区是幼儿最青睐的活动区域之一，但是根据调查研究不难发现，许多幼儿园的建构游戏区因为材料取放分类要求较高、教师干预过多，幼儿不愿意首选建构游戏区。因此，教师要重视从环境创设方面激发幼儿的游戏兴趣。

首先，教师可在积木区张贴一些积木搭建作品或有关建筑的图片，为不同年龄的幼儿提供建构的范例或者线索，营造气氛，引起幼儿的注意力和兴趣。

其次，根据幼儿好模仿教师的现象，教师自己坐在建构区里安静地玩，或经常在区内搭建一些未完成的作品，以此感染和吸引幼儿进入区内活动。

最后，还要注意适时适当地评价和鼓励幼儿。评价时，应给予幼儿真诚的关心、肯定和赞许，如："你用积木围成了一个半圆形啊，我来跟你学。"

2. 共同制定区域规则

结合不同年龄段易出现的问题，和幼儿一起商量制定相关的游戏规则，包括人数和材料的使用、分享等，制定区域规则，并以幼儿为主，制作区域规则的标志，引导幼儿自觉遵守规则和监督他人。如图 3-97 所示。

图 3-97

3. 开阔幼儿建构思路

可通过阅读、参观等方式丰富幼儿的建构经验，也可在区内提供搭建好的成品或者照片，给幼儿提供参考，同时鼓励幼儿大胆创新。

4. 引导幼儿对游戏材料进行归类整理

游戏结束后，可巧妙引导幼儿"收拾"玩具。比如，用游戏口吻请幼儿帮忙或比赛，将收拾玩具变成有趣的"分类配对"游戏，以此引导幼儿形成及时、有序收拾玩具的习惯。

幼儿往往因对自己搭建好的作品非常爱惜而不愿拆掉，这时，教师要注意尊重幼儿的感受，既要巧妙解决问题，又不能伤害幼儿。如：建构活动结束前提醒幼儿要收拾积木了，让幼儿有个心理准备；用照相和画图的方式保留幼儿搭建的作品；收拾玩具前请幼儿一起欣赏其作品，让幼儿感觉自己的作品受到大家的重视，从而减少收拾玩具的阻力。

三、艺术活动区的环境布置及材料投放

幼儿园的艺术教育旨在通过音乐、美术等艺术陶冶幼儿的审美情趣，满足幼儿表现、表达和创造美的需要，培养幼儿表现美、欣赏美的能力。因此，应为幼儿创设充满情感色彩的、愉悦的，可多通道参与和多种方式操作、表现的艺术活动环境（图 3-98）。

图 3-98

（一）依据目标确定内容

艺术活动区的目标主要有：

（1）巩固认识各种颜色、形状、材质、尺寸等基本概念；大胆尝试使用不同的工具、材料，以及选择音乐或美术等不同方式，表达自己的感受和体验，提高审美情趣和能力。

（2）掌握画、剪、撕、贴、揉、塑、缝、做、订等技巧，促进手眼协调，提高手指、手腕的灵活性。

（3）喜欢并大胆尝试用各种打击乐器表演，乐于与同伴一起表演和创作（图3-99）。在自由自在的创作表达中，获得感官上的快乐和情感上的满足，同时培养懂得尊重他人的品格与习惯。

图 3-99

艺术活动主要包括美术活动和音乐活动，在活动区的设定上分为美工区和音乐表演区，为了提高幼儿的美工能力，可以设置绘画活动区、剪贴活动区、手工活动区；为提高幼儿的音乐感知能力和表演能力，可设置音乐表演区，投放幼儿感兴趣的音乐和服装，刺激幼儿的音乐表演欲望。

（二）规划艺术活动区的位置及格局

在规划艺术活动区的位置及格局时，要根据活动区内容，分别而论。

1. 美工区

面积要求：美工区需要比较宽敞的空间，可提供宽大的桌面、台面或画架，选择靠近水台或盥洗间的位置，以便取水和清洗。

相邻区域：美工区可与喧闹的区域为邻，也可与阅读区、益智区等安静的区域相邻，但是要注意区隔开。

区内格局：区内可提供展示架、展示墙、作品展示袋或台面，展示和陈列幼儿完成的作品；利用多格柜子或塑料篮，将工具与各类素材分门别类存放。有些手工作品，如面具、风铃等，可直接用来装饰环境，悬挂垂吊在天花板下还可以作为区隔，增加环境的柔美感，起到意想不到的效果；还可将美工区分为几个小区，如绘画区、纸工区、泥工区、自制区等，让幼儿自由选择和发挥。美工区的整体布置在色彩和造型上应区别于其他区域，四周的墙面可用成人和幼儿的画作装饰，以增添艺术气息，启迪幼儿的创作灵感。如图 3-100、图 3-101 所示。

图 3-100

图 3-101

2. 音乐表演区

音乐表演区是引导幼儿欣赏音乐作品，表达音乐情绪，进行音乐表演和创作的区域，幼儿在这里的表演不是给别人看的，而是一种愉快情绪的体验，是以追求表演和游戏的快乐为目的的。在音乐表演区，幼儿可以进行歌舞表演、打击乐表演、童话剧和音乐剧表演以及欣赏音乐等活动，且以幼儿自编、自导、自演或即兴发挥为主。如图 3-102、图 3-103 所示。

图 3-102

图 3-103

（1）面积要求。音乐表演区需要舞台、乐器、道具，幼儿还会用肢体进行表演、表达，因此活动空间应足够大，且适合设置成较开放的空间，方便幼儿表演。

（2）相邻区域。音乐表演区和建构游戏区、角色扮演区一样容易发出较大声响，应远离安静的区域，比较适合设置在阳台、走廊等宽敞的地方。有条件的幼儿园还可设置单独的音乐室，提供丰富、全面的音乐材料和舞台，供全园幼儿以班为单位轮流进行活动。

（3）区内格局。音乐表演区可设置舞台，可在墙面上布置带有音乐元素的墙饰，如画出五线谱、贴上音乐海报、音乐剧剧照等，营造和创设与音乐氛围和表演内容相适宜的环境。应利用玩具柜或塑料筐等分门别类摆放表演用的各种乐器，服装和道具应尽量挂起，既方便选择使用，又易于唤起幼儿创作的热情和表演的欲望。如图3-104所示。

图3-104

（三）投放材料

1. 美工区

美工区是幼儿进行美术和手工创作的区域，幼儿可以开展多种形式的活动，如绘画、折纸、玩泥、雕刻、制作玩具等。因此，美工区的活动材料是十分丰富的（图3-105、图3-106）。

美工区可投放以下材料：

纸张类：各色图画纸、素描纸、卡纸、玻璃纸、蜡光纸、瓦楞纸、皱纹纸、厚纸板、金纸、银纸、包装纸、牛皮纸、报纸等。另外，可根据单元主题或幼儿的特殊需求，提供如卡片、粉彩纸等特殊纸张。纸张大小应根据实际需要灵活处理，避免让幼儿长期使用同一规格的纸张，而限制其创造能力的发展。

粘贴工具类：糨糊、白胶、胶水、胶带、透明胶带、订书机、订书针、橡皮筋、纸夹、金属丝、线绳、针线等。

裁剪工具类：主要是安全剪刀和锯齿状剪刀。

图 3-105

雕塑类：黏土、油泥、橡皮泥、生面团、各类模子、滚轴、牙签、钝刀等。

缝织类：针、织框、布条、毛织品、花布、白布、塑胶绳、铁丝网框、编篮。

笔刷类：彩色蜡笔、粉笔、各种毛笔、排笔、水彩笔、刷子等。

拼贴和建构类：色纸片、碎布、线绳、羽毛、树叶、果壳、瓜子壳、豆子、米粒、小扣子、空塑胶瓶、纸板、纸杯、纸盒、纸箱、瓶盖等自然物和废弃物。

印刷类：各类印模、印台、简易的版画工具。

颜料：广告颜料、墨汁、水彩颜料等。

其他：废弃物回收箱、抹布、小扫帚、畚箕、小筐等。

图 3-106

2. 音乐表演区

音乐表演区是幼儿用乐器、道具和身体动作进行各种表演和表现、表达音乐美的地方，材料丰富多样，且弹性很大。如图 3-107、图 3-108 所示。

音乐表演区可投放以下材料：

乐器类：鼓、三角铁、铃鼓、碰铃、木鱼、沙槌、小镲、锣等常用打击乐器和有固定音高的乐器，如电子琴、手风琴、铝板琴、木琴等；用废旧物自制的打击乐器，如自制沙槌、自制腰鼓、手鼓等。

表演服装和道具类：各式服装、面具、头饰、斗篷、扇子、彩带、丝巾等。

辅助材料类：光盘、音乐磁带、节奏图谱、剧本、海报等。

图 3-107

图 3-108

（四）艺术活动区的引导

提供丰富多样的材料、道具和多通道表现、表演的舞台，创设与各种艺术表现相适宜的环境，有利于激发幼儿艺术表现和创作的欲望，并为幼儿的创作、表现和表演提供充分的物质支持。因此，教师应通过环境的丰富和变化激发幼儿表演、表现和创作的欲望。

1. 引导幼儿巧妙使用道具

幼儿的想象力是十分丰富的，要引导幼儿多使用道具和材料，引发其新的游戏创想。同时，当幼儿游戏方向偏离时，还可以用道具帮助幼儿维持角色意识。以艺术表演为例，表演区里提供的各种好看的棍子，可能就是幼儿的"金箍棒"；提供的各种美丽的披风，可能就是幼儿扮演公主和王子时的衣裳。有了道具，幼儿的游戏会更加丰富多彩。为年龄大的幼儿提供更多夸张和抽象的道具，可以使他们在表演时尽情地想象和发挥。

2. 丰富幼儿的艺术体验

教师要注意和家长共同通过各种方式方法丰富幼儿创作、表演的内容和经验。因为幼儿在艺术区的活动，无论是创作、表现，还是表演，都既有想象的成分，又有模仿现实的成分。因此，平时应通过各种方式方法丰富和充实幼儿的艺术感受和经验。如：引导幼儿通过观察、感知生活中各种事物的特点和变化，发现和体验生活中的美；通过电影、电视、图书等传媒帮助幼儿积累对创作和表现、表演有益的素材和经验。

3. 适时提供帮助和指导

教师可以为幼儿提供心理、精神、材料、技术等方面的支持。教师应允许幼儿自由表现和表达，鼓励幼儿自主创作和创造，当幼儿在产生心理安全感和得到精神鼓励时，最有利于激发他的创新意识。教师的言语激励和动作鼓励有利于创设轻松愉快和奋发向上的环境氛围,这样的环境氛围能让幼儿充分展示自己的创造才能。

教师应根据幼儿的年龄、能力,给予不同的帮助,且是在幼儿需要时才可伸出援手。如帮小班幼儿掌握使用材料和工具的技巧,教中、大班幼儿合理构图,学会运用不同材料来进行创作,创造性地运用道具进行表演,等等。

四、科学探索区的环境布置及材料投放

一般来说,有条件的幼儿园可设置全园幼儿共享的科学室、动物饲养区和农作物种植园。各班则应根据具体情况和条件设置不同内容的科学区角,如自然角、科学桌、益智区、棋类区等。

(一)依据目标确定内容

在科学探索区,幼儿应观察了解动植物的生长变化,学习饲养、照顾小动物;探索物理科学和生命科学的奥秘,了解人与自然的关系,体验生命的本质;对自然和科学有好奇心与探究欲望,体验科学发现和科学研究的乐趣;具有坚持、专注、实事求是等学习态度和责任意识;了解科学研究的基本方法和过程,学习使用各种实验器具,提高运用各种方法解决不同问题的能力;提高对材料基本属性的认识,包括大小、多少、长短、厚薄、高矮、轻重、冷暖以及获得时间、空间、形状、顺序、匹配、测量等经验;掌握各种数的概念,理解各种数量关系,发展数理逻辑思维;获得感官上的满足,促进手眼协调,提高动作的灵活性和协调性。

为了让幼儿感受种植、养殖的乐趣,促进对动植物的观察了解,掌握基本的种植养殖方法,幼儿园可以设置自然区;为促进幼儿对生活中一些科学现象的探究和对一些基本科学概念的掌握和运用,幼儿园可以设置科学实验区(图3-109);为了促进幼儿对数的概念的理解和掌握,体验认识物体大小、多少、长短、高矮等方面的乐趣,幼儿园可设置益智区(图3-110)。

图3-109

图3-110

(二)规划科学探索区的位置与格局

科学探索区(图 3-111、图 3-112)主要分为三大类,包括自然区、科学实验区、益智区。三个类型的科学探索区在位置选择与格局上有相同的地方,也有各自特别的要求。

图 3-111

图 3-112

1. 面积要求

自然区分为户外和室内两种,户外的种植养殖区的面积相对大一些,室内的自然区要选择光线较好、比较开阔的地方;科学实验区不需要很大,但要设置操作台面供幼儿摆弄材料、进行实验;益智区可以选择面积相对较小的区域,能放下玩具柜和桌椅即可。

2. 相邻区域

科学实验区、益智区应与安静区域为邻,如阅读区、悄悄话角。与语言学习区为邻有利于幼儿随时翻阅、查找相关的科学图书,进行深入的探讨与了解。自然区、科学实验区应临近水源、光源及电源,既利于动、植物的生长,又方便幼儿进行各种观察和实验。

3. 区内格局

科学探索区应尽量分出几个不同的区域,除自然区、科学实验区、益智区外,还可设置科学制作区、数学角、棋类区等,投放的材料要经常更新。

益智区(图 3-113、图 3-114)以桌面游戏为主,可为幼儿提供可操作的桌面或台面,最好有特制的桌、凳、盒、筐等,力求营造温馨的操作环境;也可以在铺着地垫的地上玩,但应设置"屏障",如用有色胶带画出特定的空间让幼儿安心游戏。如果空间宽裕,可将益智区按功能再划分为几个小区,或用隔板、屏风隔出几个隐秘空间,如感官操作区、拼图区、棋类区等,更方便幼儿做不同选择。

图 3-113

图 3-114

设置方便宽裕的贮存空间，分门别类存放玩具、仪器、材料、工具和记录用的纸、笔等，并贴上相应的材料标识，这一方面方便幼儿取拿和归放，避免因寻找玩具而耽误太多时间和影响幼儿专心地玩游戏；另一方面也能巧妙地将玩具收拾工作转化为有趣的分类或配对游戏。如图 3-115~ 图 3-118 所示。

图 3-115

图 3-116

图 3-117

图 3-118

（三）投放材料

1. 自然区

自然区是在活动室内为幼儿设置的种植植物和饲养小动物的区域。自然区往往被布置在活动室阳光最充足的地方，方便动植物的生长。如图 3-119、图 3-120 所示。

图 3-119

图 3-120

自然区可以投放以下材料：

1）植物角

花卉类：容易种植且具观赏性的各类花卉，如月季、菊花、一串红、蒲公英、太阳花、含羞草等。

农作物：大蒜、葱、豌豆等。

水中泡养植物：白菜花、萝卜花等。

工具类：铲子、花盆、瓶子等。

此外，还可以投放各种各样的种子、树叶、花卉标本以及水果模型等，如图 3-121 所示。

图 3-121

2）动物角

易饲养和可观赏的小动物：金鱼、小鸟、小乌龟、小螃蟹、小龙虾、春蚕、小蝌蚪等。幼儿喜欢探究的小动物：蚂蚁、蜗牛、蚯蚓等。

工具类：盒子、瓶子、杯子、喷壶、小铲子、动植物标签、观察记录本等。

此外，还可以投放海螺、贝壳，动物的皮、毛或皮制品以及动物的标本、模型、图片等，并根据季节和幼儿的学习需要更换和添置材料。

3）种植园和饲养区

这里所说的种植园和饲养区是指在幼儿园中设置的种植农作物和饲养小动物的公共科学区域。在条件有限的情况下，可将种植园设置在幼儿园建筑物的房前屋后，每班一小块，面积以幼儿手臂能伸到园地中心为宜。种植园和饲养区是幼儿园中非常重要的科学教育阵地，通过引导幼儿亲自参与农作物种植和动物饲养，不但可以帮助幼儿更细致、全面地观察、了解动植物的生长变化规律和生长过程，了解生命的循环过程，动植物生长与空气、阳光、水以及温度之间的关系，丰富幼儿动植物方面的科学知识和经验，也可以让幼儿在与动植物的亲密接触中增进对动植物的喜爱和关爱之情，并通过田间劳动、给动物喂食、帮动物打扫笼舍等活动提高幼儿的动手能力，培养幼儿爱劳动、能坚持、不怕脏和累的品质。如图 3-122~图 3-126 所示。

植物类：种植园可种植易成活、生长周期短、可种可收、易留种的植物，如大蒜、小葱、白菜、萝卜、茄子、蚕豆、黄豆、菜薹、黄瓜、向日葵、玉米等。

动物类：饲养区的动物应是性情温顺、易于饲养、没有危险且能让幼儿亲近的动物，如兔、猫、宠物狗、鸡、鸭、鹅、鸽子、画眉、黄鹂、鹦鹉、观赏鼠等。

图 3-122

图 3-123

图 3-124

图 3-125

图 3-126

2. 科学实验区

科学实验区是提供操作材料和工具让幼儿自主进行科学实验研究的区域，有些有条件的幼儿园还可设置科学实验室，专门用于科学观察与实验探究。科学室和科学桌的材料非常丰富，教师可以同时投放各种不同的材料，以满足幼儿不同的探究需求（图3-127~图3-130）。

可以投放以下材料：

探索声音现象的材料：吉他、音叉、小鼓等各种小乐器；辨音磁带、乐谱和卡片；试音用的响声盒、纸盒、橡皮筋；制作传声筒的纸杯、线绳等。

探索光现象的材料：各种镜片（凹透镜、凸透镜）；三棱镜、万花筒、放大镜以及各种平面镜；手电筒、透明玻璃、各种色纸、彩色塑料片等。

探索电现象的材料：手电筒；连接简单电路的电池、小灯泡、电线；探究摩擦起电的材料（塑料笔杆、塑料吸管、碎纸片、碎布片、塑料片）等。

探索磁现象的材料：各种形状的磁铁（棒形、马蹄形、圆形、环形、不规则形等）；铁和铁制品（曲别针、大头针、小铁钉等）；其他物品（石子、塑料片、木头块、纽扣、玻璃板、小纸人、指南针等）。

探索力的材料：弹性物体，如各种球、橡皮、橡皮筋、毛线绳、塑胶绳、弹力布、弹簧等，滑轮，斜面板，玩具小汽车等。

科学小制作的材料：如制作风车、风筝、不倒翁、万花筒、电话、喷水壶等所需的各种材料。

工具类：剪子、钳子、锤子、钉子、螺丝、胶水、糨糊、胶带、线绳、温度计、尺子、小秤、天平等。

各种生物和非生物标本：蝴蝶标本、鸟类标本、昆虫标本、岩石标本、植物标本等；活的生物，如水生养殖的动植物、无土栽培的植物、各种昆虫等。

精密科学仪器：望远镜、显微镜等。

此外，也可以根据主题活动投放探究材料，如探索"动物的家"时，可提供鸟巢、蜂窝、寄居蟹、贝壳等；探索"机器的妙用"时，可陈列开罐器、轮轴、废旧的发条玩具等。

图 3-127

图 3-128

图 3-129

图 3-130

3. 益智区

益智区是幼儿通过操作各种材料和益智玩具学习数学、启迪智慧的活动区域。较之于其他区域，益智区的内容往往与动脑思考和动手解决问题有关，有些游戏还需要幼儿分出输赢，因此更具挑战性和竞赛性（图 3-131、图 3-132）。

图 3-131

图 3-132

益智类的玩具种类繁多，分类方式也多种多样。可投放以下材料：

按玩具的来源可分为：购置玩具和自制玩具。

按玩具的教育内容和功能可分为：感官操作类玩具、数字类玩具、形状类玩具、逻辑与关系类玩具等。

按玩具的操作特性可分为：技巧学习型玩具（主要用于训练生活技巧和手眼协调能力，如串珠、扣子）、自我修正型玩具（玩具本身有一定的组合方式，幼儿要边玩边自我修正，如各种拼图、套叠玩具）、自由组合型玩具（玩具有许多不同的组合方式，幼儿可自行组合出不同的花样，如七巧板）。

按操作玩具时所用的感官知觉可分为：听觉玩具和触觉玩具等。

此外，还可按年龄层分出适合小、中、大班幼儿的玩具。

（四）科学探索区的引导

1. 做好材料的介绍

在呈现新的材料和主题前，教师应以集体或小组形式做一次简介或预告，一方面引起幼儿的学习动机，另一方面方便日后幼儿的探索。对于幼儿不熟悉或未接触过的器具和仪器，应先指导他们掌握使用方法和技巧，以免造成意外伤害或损坏。

2. 和幼儿一起讨论制定区域规则

科学探索区内玩具种类较多，需要幼儿遵守游戏规则，保证活动区的游戏秩序。比如益智类玩具有的可以独自玩，有的必须共同玩，如镶嵌、拼图、套叠、接龙等玩具属于可独自玩的，而棋类、牌类需两人以上一起玩。需要共同玩的玩具，除了玩具本身有规则限定外，还需要和对手有些约定。因此，遵守规则和约定是保证游戏顺利进行的重要条件。在这些方面，教师要给幼儿以适当的帮助。一是要让幼儿共同制定和明确需要遵守的规则，二是在幼儿产生纠纷时不要急于介入，引导幼儿自己解决问题。

3. 给予幼儿展示作品的机会

给予幼儿展示作品、交流心得的地方和机会，既有利于幼儿的表达、交流和分享，又能鼓舞和吸引更多幼儿进入科学探索区进行探究。教师应少干预或不干预幼儿在科学探索区的探究，指导时要注重肯定、鼓励幼儿探究的积极性，启发和引导幼儿大胆、自主地研究，为幼儿营造一个安全、宽松的探究氛围（图 3-133）。

图 3-133

4. 引导幼儿在游戏结束后收拾好玩具

游戏结束后，教师要引导幼儿将玩具放回原处，做好收拾与整理工作。可以以分类比赛、配对比赛的方式引导幼儿将玩具分类规整。

五、语言学习区的环境布置及材料投放

语言学习区是幼儿了解社会、学习语言的重要窗口。

（一）依据目标确定内容

语言学习区的主要目标是：

（1）学会听故事、讲故事、演故事，培养认真倾听、自由表达和表现的能力。从阅读材料中了解社会、体验生活、增长知识、懂得道理。认识常用字，学习新词汇，参与语言游戏，培养对中国文字的兴趣。

（2）投入文学的世界，体验阅读的乐趣，培养爱书的情感和独立阅读的能力。学习独处，缓解情绪压力。

因此，为了促进幼儿听说能力的提升，可设置视听角、悄悄话角、广播台等。为了提高幼儿的阅读能力，可设置阅读区，让幼儿感受阅读的快乐。

（二）规划语言学习区位置与格局

语言学习区的内容多样，主要以开展听说游戏为主，在区域设置上要能够最大限度地锻炼幼儿的语言能力。

1. 面积要求

语言学习区对活动面积的要求不多，阅读区要能够放得下书柜，有足够的供幼儿读书的空间即可；视听角只需要一张桌子的空间。

2. 相邻区域

语言学习区应设置在采光好的地方，最好靠窗，并用百叶窗帘随时调整光线强度，以保护幼儿的视力。语言学习区宜与安静的区域为邻，以保证幼儿能安静、专心地阅读，少受打扰。视听角可与角色扮演区或表演角相邻，幼儿可以视、听、演结合，边欣赏故事、边模仿表演，充分感受、体验文学作品的优美意境。

3. 区内格局

阅读区要设在光线较好且安静的地方，可提供地毯、靠垫、小沙发等物品，营造宁静、温馨、舒适的阅读氛围。语言学习区可设置成相对封闭的活动区。如图3-134、图3-135所示。

图 3-134

图 3-135

区域内可用书架或矮柜作区隔，书架（书柜）以开架式为宜，方便分类放置各种图书和幼儿自由取放图书。

有条件的班级可用屏风、隔板、小操作台等将语言学习区分割为不受干扰的多个小区，如新闻台、操作讲述角、木偶或童话剧表演角、图书制作角等，创设多元化的语言环境。

（三）投放材料

语言学习区的材料要以能提高幼儿的听、说、读能力为主，为幼儿提供内容丰富的富有童趣的材料。小班图书品种不必太多，但同一品种图书可以多提供一些。为初步培养小班幼儿的阅读兴趣，图书应以图文并茂、图多字少、生动有趣的婴儿画报、立体图书、声响图书、卡通图书以及识图类的卡片为主。中、大班幼儿求知欲增强、生活经验有所增加，应以幼儿画报、童话故事书、知识类或工具类的科普图书以及识字卡片为主，还可让幼儿自带图书和自制图书等。故事书以情节复杂、富有刺激性和科幻特点的最有吸引力，图书品种则应尽量多样化，并注意定期补充和更换。

1. 图书角

书籍类：图书的种类和数量应依据不同年龄特点而有区别地投放。可投放故事书、科普书、工具书、娃娃画报、软纸图书、硬纸图书、布书、立体图书、自制图书等。

家具类：书架、书桌、小沙发、地垫、抱枕等。

其他：报纸、杂志、图片、卡片等多元语言材料。

如图 3-136 所示。

图 3-136

2. 视听角

视听角是利用电子视听设备，让幼儿通过看、听、说、演学习语言。

可投放以下材料：

电子设备类：电脑、电视机、录音机、磁带、光盘、耳麦等。

辅助材料类：讲述背景台、木偶台、头饰、木偶（包括木偶、布袋偶、指偶、纸偶等）和各种人物、动物、植物的模型玩具、服装道具、故事拼图。

3. 悄悄话角

悄悄话角是一个相对隐蔽、安静的语言活动区，幼儿可在区内与小伙伴说说话、聊聊天，也可以对着自己喜欢的图书、玩具自言自语，为性格内向、不爱说话和想独处一会的幼儿提供一个宽松的语言表达环境。

可投放以下材料：

小房子、大型包装箱、帐篷等，有创意且受幼儿欢迎。

（四）语言学习区的活动指导

语言学习区的活动指导重点在于引导幼儿在游戏中练习听、说的能力，培养阅读习惯。在活动指导方面，需要做到以下几点：

1. 创设宽松的氛围

创设一个幼儿想说、敢说、喜欢说并能得到积极应答的环境。除了提供让幼儿舒适的阅读环境外，还要给幼儿精神上的支持，如对耐心倾听他人说话和大胆表达、交流的幼儿要及时肯定和鼓励。当然最重要的是教师自身的示范，包括遣词造句的规范，包括语气、语调、表情所传达出来的态度，无一不具有示范和暗示的作用，潜移默化地影响幼儿语言学习的能力（发展）和态度。

2. 投放辅助性材料

引导幼儿通过多种方式学习语言，在多元化的语言活动环境中发展语言能力。语言学习区除了图书和视听设备以外，还可投放多样化的语言活动材料，如电话机、答题卡、书写记录材料、桌面操作材料等，让幼儿沉浸在材料丰富的语言环境中，以多种方式听故事、说见闻、读科普、看动画、演话剧、做图书，使语言活动立体化、情境化、游戏化、趣味化，如用传声筒说悄悄话，戴耳机听故事，扮小记者、主持人采访和播报，等等，在扮演和交流中促进语言的发展。

3. 根据幼儿的兴趣更新材料

语言学习区同样要经常"思变"，否则很快就会变得冷清，甚至"门可罗雀"了。如经常围绕正热播的动画片，在区内投放相关的道具、图书、卡通形象，引导幼儿讲故事内容、议角色特点、表演故事情节等，让幼儿在感兴趣的话题中提高讲述水平和表达能力。

第三节 班级活动区的环境创设案例与分析

——以主题引领下的区域游戏环境创设为例

设置班级活动区的一个重要依据就是班级主题活动，因此，这里以中班的"汽车"主题和大班的"中国饮食文化"主题为例，来了解如何根据班级活动主题进行区域设定和环境布置。

第三章 班级活动区的环境创设

案例

汽车（中班）

一、依据目标确定内容

经讨论研究，确定汽车主题的目标是：

（1）了解汽车，对制作汽车感兴趣，善于观察汽车，敢于尝试与表达。

（2）认识常见的车，了解汽车的外形特征，知道各种汽车的用途。

（3）能尝试用各种废旧材料制作汽车模型。

根据以上目标，确定了以"汽车"为主题的活动区，确定了班级可设置汽车图书馆、汽车展览馆、汽车加工厂、汽车组装车间、120事故处理站、赛车场、汽车司机之家等活动区，确定内容的过程如下。

（一）初期阶段

在这个阶段，主要建立了汽车图书馆和汽车展览馆两个活动区。

教师发现幼儿对汽车比较感兴趣之后，与幼儿及家长共同收集汽车模型、图片等相关资料，利用墙面创设"各种各样的汽车"，将幼儿提出的问题展示出来，创设"汽车图书馆"，让幼儿了解汽车的种类及构造。

允许幼儿将自己最喜欢的汽车玩具带到幼儿园，引导幼儿给汽车进行分类，学会辨识和设计各种标记，如图3-137所示。于是，建立了汽车展览馆。

图3-137

汽车展览馆建立起来后，幼儿就可以参观了。通过参观，引导幼儿了解各种各样的汽车，学会认识不同汽车的外形、构造、用途。

（二）中期阶段

汽车展览馆建立起来后，幼儿玩得不亦乐乎，在游戏过程中，讨论每种汽车的性能。后来，有的幼儿提议进行比赛；有些汽车在展览过程中损坏了，幼儿提议建设汽车修理厂；有的幼儿还提议建立自己的汽车加工厂（图3-138）……根据幼儿对汽车

139

相关知识的了解和在生活中与汽车的接触，班级创设了汽车加工厂、汽车组装车间、120事故处理站、赛车场、汽车司机之家。

图 3-138

二、规划各活动区位置与格局

教师和幼儿一起设置的不同活动区有不同的特点，其中，汽车图书馆是语言学习区，汽车展览馆、120事故处理站、赛车场、汽车司机之家是生活游戏区，汽车加工厂、汽车组装车间是美工区，在位置的选择与区内格局的设置上，要根据各活动区的位置和面积要求来设定。

（一）面积要求

1. 汽车图书馆

汽车图书馆选择了靠近窗户的墙角处，这里空间相对封闭，光线充足，有利于幼儿专心阅读和研究。

2. 汽车展览馆、120事故处理站、赛车场、汽车司机之家

这四个活动区需要较大的面积，其中，汽车展览馆和汽车司机之家设置在室内，取活动室内靠墙的一面，比较开阔，同时远离图书角；而赛车场、120事故处理站由于需要更大的空间，因此设置在活动室外的走廊上，这样有利于幼儿做较大幅度的动作。

3. 汽车加工厂、汽车组装车间

这两个互动区是美工区，需要较大面积，特别需要用水，所以分别设在了离盥洗室较近的位置。

根据前文所述，汽车图书馆需要安静、光线好的位置，可以和自然区、益智区相邻；汽车加工厂、汽车组装车间需要较大空间且挨近盥洗室，方便用水；汽车展览馆、汽车司机之家需要较为开阔的空间来开展活动；利用本幼儿园走廊空间较大的优势，将赛车场、120事故处理站安排在了走廊上，方便幼儿施展动作、开展活动。如图 3-139 所示。

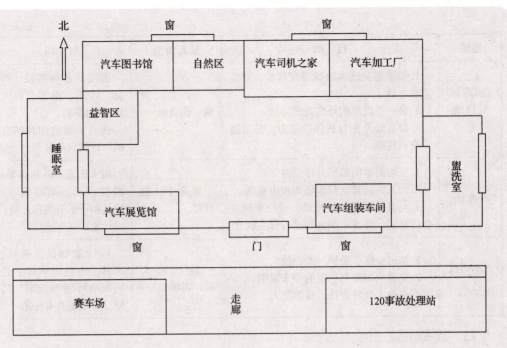

图 3-139

三、区内格局及材料投放

区内格局及材料投放如表 3-2 所示。

表 3-2　区内格局及材料投放

区域	目标	幼儿角色	材料
汽车展览馆	1. 喜欢当讲解员并将所了解的知识介绍给他人 2. 游戏中会与他人交流 3. 会根据汽车的特点、功能等进行分类	讲解员、馆长、售货员、经理、顾客	从网上下载有关图片资料、汽车玩具、汽车模型、讲解棒、讲解牌（胸卡）照片、汽车标志等；制作"我了解的汽车"展板
汽车加工厂	1. 会利用不同材料尝试制作汽车模型 2. 在活动中，能将自己的想法表达出来，有一定的合作能力 3. 具有与他人交往和推销的能力	汽车厂厂长、工人、设计人员、推销员等	各种废旧纸盒、瓶纸，以及胶水、剪刀、角色胸卡、汽车模型、装相关废物的柜子等
汽车组装车间	1. 培养幼儿的观察能力和动手操作能力 2. 能根据图片进行拼图游戏，有一定合作能力和尝试解决问题的能力 3. 有一定的交往能力，敢大胆推销自己的作品，有成就感	厂长、车间工人、设计人员	相关汽车拼图数盒、自制拼图、笔、硬纸板、剪刀、玩具柜子等

续表

区域	目标	幼儿角色	材料
120事故处理站	1.知道遇交通事故找警察帮忙,知道急救电话 2.会一些简单的外伤处理方法 3.提高幼儿的自我保护能力,知道遵守交通规则	医生、警察、伤员等	医院的各种器械、药品、纱布、棉签、白大褂、电话等 挂有关事故图片的介绍、医院宣传片等
赛车场	1.了解简单的规则并注意遵守 2.幼儿共同建立赛车场的相应规则 3.与其他幼儿友好相处,爱护车辆并会按功能、特点、颜色等进行分类收放	赛车手、裁判员	胸卡标志、各种赛车、惯性汽车、电动汽车、玩具柜子、分类标志等;设计地面赛车道
汽车司机之家	1.知道心疼、爱护、关心他人 2.知道汽车要有一定的停车规则 3.与他人友好交往,尊重他人	娃娃家人员、司机	娃娃家物品、餐具、家具、角色标牌等。娃娃家的环境与设施,门外设停车场并有标志

四、各活动区的引导

1. 以幼儿兴趣为出发点推进游戏进程

此次活动来源于幼儿的兴趣。有一天,班内幼儿外出参观,坐着大轿车统一前往,在乘坐的过程中,大轿车的外形、内部结构等吸引了幼儿去观察和讨论。幼儿从讨论大轿车,到讨论各种各样的车,教师从幼儿的兴趣中抓住了这个主题。

幼儿对汽车感兴趣,但是了解得又不够深入,于是教师为幼儿创设了墙面"关于汽车,你想知道什么",让幼儿将自己的问题提出来,进一步引发幼儿思考如何解答这些问题,汽车图书馆得以成立。后来,随着幼儿对汽车兴趣的进一步浓厚,根据其兴趣点,又创设了汽车加工厂等活动区。

例如,汽车加工厂的设置主要因为:

赛车场里,潘雨晨、李拓两名赛车手在赛车。几名小观众在助威,李拓的汽车得了第一,潘雨晨不服气地说:"他的汽车为什么跑得快?"

李拓跑过来说:"你看我的汽车的轮子转得多快。"

幼儿拿起汽车用手转动轮子,一会又放在地上让车子跑。

忽然斌斌拿起了一块积木来转,积木翻了几下就停下了,他说:"方的不能转。"

教师:"那什么能转呢?"

幼儿:"圆的能转,比如玻璃球、轮胎。"

教师、幼儿总结:轮子跑得快是因为它是圆的,没有角。

教师:"用什么东西可以当轮子?"

娇娇:"瓶盖可以当轮子,用纸剪成圆片也可以当轮子。"

幼儿:"老师,我们一起制作汽车吧!"

孩子们听后都鼓起掌来。于是,大家一起找废旧材料制作汽车。

第三章 班级活动区的环境创设

2.适时适当介入指导

在幼儿的游戏过于单调或者就要中止时,教师要想办法介入,帮助幼儿解决问题。比如:

早饭后,李拓小朋友第一个来到了新开的汽车展览馆。他走到一辆黄色的大卡车前,拿起了卡车,这时严硕、董谦、潘雨晨吃完饭也来到了汽车展览馆。

董谦小朋友说:"这是我带来的救火车,你看还有水箱呢!"

严硕小朋友说:"看我这辆大公共汽车多长,有窗户,还有门。"

汽车展览馆已被孩子们挤满了。

张可小朋友大声说:"这么多人真挤!"

看到这种情况,教师赶紧走过来说:"咱们一起来看汽车吧!"

所有的孩子都搬来了小椅子坐在汽车展览馆边上,由孩子们分别介绍自己带来的汽车:这是面包车,那是小卧车;这辆车能拉人,那辆车能装石油……

教师拿起了一辆急救车问:"这辆是什么车?有什么用?什么时候它才能用?"孩子们说:"这是救护车,家里有病人,打电话它就来了。"

教师问:"电话是多少?"

孩子们回答:"急救电话是120。"

孩子们依次介绍自己带来的车的用途。

幼儿都挤到了一个活动区,影响了游戏进程,教师的及时介入转移了幼儿的注意力,让幼儿拓展了新的游戏玩法。

课后练习

1.请问图3-140所示的班级区域布局合理吗?为什么?请提出整改方案。

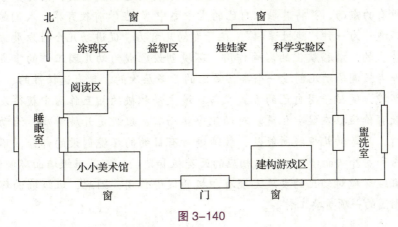

图3-140

2.请以"中国饮食文化"为主题,为大班设计活动区,要求写出各区域的目标、内容、位置、布局、材料投放以及活动区的引导策略。

第四章 幼儿园班级墙面环境的创设与布置

学习目标

1. 了解班级墙面环境的概念、班级墙面环境的功能，理解班级墙面环境在幼儿园教育中的价值和作用。

2. 理解班级墙面环境的主要理论观点，树立正确的班级墙面环境创设观念。

3. 掌握各种班级墙面环境的创设与布置方法，包括活主题墙面、记录墙面、区域墙面、装饰墙面等，能独立思考，并结合案例进行实践。

案例导入

蒙台梭利曾说过："在教育上，环境所扮演的角色相当重要，因为孩子从环境中吸取所有的东西，并将其融入自己的生命之中。"在学前教育界，人们越来越认识到，环境作为一种"隐性课程"，在开发幼儿智力、促进幼儿个性发展方面，具有不可替代的、潜移默化的影响作用。环境创设已成为幼儿园工作的重点。学前教育工作者强调给幼儿创设一个丰富多彩的、多层次的、具有选择性的、自由的、开放的环境，使孩子用自己的方式在与环境主动积极的相互作用中获得发展，将环境的教育价值摆在显要位置。对幼儿个体而言，班级是开展游戏、活动的最重要的场所，凡是幼儿视线所能及、教师进行有目的的环境创设的部分，不仅包括活动室内和室外四面墙，也包括相应的天花板和地面，都是班级墙面环境的范畴。良好的班级环境对幼儿的发展无疑有积极的促进作用，因此，班级墙面环境的创设是幼儿园的一项重要工作。

第四章 幼儿园班级墙面环境的创设与布置

第一节 班级墙面环境创设的种类和功能

幼儿园班级墙面环境的类型是墙面环境创设中的组成部分，班级墙面环境的类型决定环境创设的方法及其功能的发挥。幼儿园班级墙面环境主要有哪些类型？不同种类的墙面又具有哪些功能呢？

一、班级墙面环境创设的种类

根据创设形式、设计性质，班级墙面环境可分为常规性墙面、装饰性墙面、主题性墙面、功能性墙面和其他墙面。不同墙面的装饰了传达不同的信息，激发幼儿内在的积极性，让幼儿在幼儿园快乐地生活、学习、游戏、成长。

（一）常规性墙面

班级的常规性墙面有很多，如一日作息安排、班级公约、室内的各种标志提示等，如图4-1、图4-2所示。

图4-1

图4-2

（二）装饰性墙面

装饰性墙面是以装饰观赏、美化为主的墙面，可理解为在班级范围内，主要由教师、幼儿或教师与幼儿合作创设的，以表达美为内容的墙面环境，包括幼儿作品的展示、教师作品的展示、师生共同创作或一些购买的物品的展示，如图4-3所示。

图 4-3

(三) 主题性墙面

主题性墙面是以展示班级主题活动开展前进行的准备、开展过程中制作的物品和最后的作品为主的墙面。幼儿园班级主题墙面要围绕班级教学活动的开展进行创设，在教学活动之前，它可以作为一种铺垫，启发、引导幼儿产生对即将进行的教学活动的兴趣；在教学活动之中，它可以表现活动的进程、推动活动的深入发展；在教学活动之后，它能够延伸幼儿的活动或思考，促使幼儿与墙面进行交流互动。如图 4-4 所示。

图 4-4

(四) 功能性墙面

功能性墙面有明确的功能要求，在教育对象、课程、文化形态的影响下，幼儿园功能性墙面主要包括四类：教育功能墙面、对话功能墙面、表现功能墙面和美育功能墙面，如图 4-5、图 4-6 所示。

第四章　幼儿园班级墙面环境的创设与布置

图 4-5

图 4-6

（五）其他墙面

除以上四种墙面外，班级墙面环境还包括一些带有互动性质的墙面，这类墙面幼儿既能观察，又能参与动手操作，它是师生共同完成的一种墙面制作形式，这类墙面不求多美，但求孩子喜欢，能读懂并参与其中，能提高幼儿动脑思考问题的能力，能启发幼儿去关心身边的事物、关心生活、关心环保，如图 4-7 所示。

图 4-7

二、班级墙面环境的功能

幼儿园的教育重在为幼儿提供健康、丰富的生活和活动环境，满足他们多方面发展的需要，使他们在快乐的童年生活中获得有益于身心发展的经验，因此幼儿园更应关注如何通过环境为幼儿发展提供支持。

以往幼儿园将班级墙面环境的功用简单固定为美化环境或是展示作品，显然过于单一而没有将教育意义突显出来。在现实中，为了满足幼儿、教师、家长的不同需求，班级墙面环境的创设应该具有多元指向，它应当指向幼儿的行为、认知、社会化、健康，以及园内环境的视觉效果。如图4-8所示。

图 4-8

（一）行为指向

行为指向的墙面环境，即通过有目的的墙面环境创设，引导幼儿做出教师所预期的行为。幼儿园的一个重要教育任务，就是培养幼儿良好的行为习惯，如饭前便后正确洗手、人多的时候要排队等。而行为习惯的培养绝不是一朝一夕的，除了教师的叮咛之外，墙面环境可以作为辅助手段，提供无声的"指导语"。

"图片的暗示作用"直指墙面环境对幼儿行为塑造的作用。在幼儿园中，两位教师要管理三十多个幼儿，要随时随地指导所有幼儿的行为习惯显然是不可能的，墙面环境不仅可以减少教师的一部分工作量，同时还可以指导所有幼儿的行为。

案例一

行为指向的墙面环境内容，通常出现在幼儿每日的生活行为中。如饭前便后要正确洗手，走楼梯要排队，走廊里不能奔跑，等等。指向预期行为的墙面环境，要长期保持而不能随意变动。幼儿预期行为的出现，是一个条件反射的过程，条件反射的形成需要一定的时间保证，否则很容易消退。因此，作为幼儿行为指导的墙面环境应该长久保持。

（二）认知指向

认知指向的墙面环境是指根据幼儿学习的兴趣点或学习内容，有意识地将学习内容或学习成果展示在墙面上。幼儿园作为教育机构，教育工作是其基本环节，促进幼儿的认知发展是幼儿园教育的重要内容。在幼儿触手可及的范围内，将墙面作为另一种形式的书本，不仅可以使幼儿接触他们感兴趣的知识，还可以让幼儿掌握某种学习的方法。

第四章　幼儿园班级墙面环境的创设与布置

在幼儿园中，以认知为指向的墙面环境很容易走进一个误区：将墙面当作放大的"黑板"。在家长们望子成龙、期望过高等综合因素的影响下，有一部分幼儿园活动室的墙面上布满了数字算术题、汉字和英文，将墙面环境作为课业的延续。呆板的形式、单调的内容显然与幼儿生理、心理健康成长的要求相违背，应该还墙面环境一方净土。如图4-9~图4-11所示。

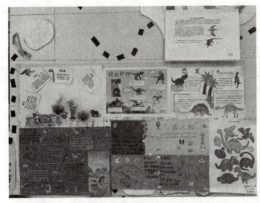

图 4-9

图 4-10

图 4-11

案例二

墙面环境创设可以激发幼儿的学习兴趣。以图4-9为例，除了与学习内容紧密相关的知识，还有能引发幼儿学习兴趣的内容和相关知识点，如："恐龙吃什么""恐龙宝宝出生了"等，促使幼儿积极讨论，不断生成新的知识点。无论是作为前期准备，还是活动中的记录、活动后的反馈，认知指向的墙面环境都可以在感官上为幼儿提供多种经验。而这些经验可以让幼儿在不知不觉中，寻找到解决问题的方法。

（三）社会化指向

社会化指向的墙面环境创设，旨在通过幼儿对墙面的评论、创设墙面时幼儿和成人之间、幼儿和幼儿之间的交流互动，锻炼幼儿的自我表达能力，培养他们的合作精神、集体意识，帮助他们学习独立地掌握社会规范、正确处理人际关系和妥善自治，从而逐渐实现社会化。

墙面环境是一种交往媒介。无论是在幼儿之间，还是在同成人的交流中，幼儿都是通过人与人之间真实的交往来实现社会化的。具有社会化指向的墙面通常布置在出入口、通道、围墙等公共位置，以便幼儿、家长、社会公众的观察和交流。同时，要真正发挥墙面环境的社会化作用，教师就应该鼓励幼儿之间进行讨论和交往，让他们在自由的言谈和互动中学习正确处理人际关系，掌握社会交往规范。但是，幼儿之间自发的讨论和交往常常会带来纪律散漫的问题，因此幼儿之间的讨论常常会被制止。显然这是一种因噎废食的举动，如果在规定的时间内鼓励幼儿自发交流，会对他们的社会化有所裨益，而且这样的措施可以在一定程度上解决纪律问题。

案例三

墙面布置可以提高幼儿各方面的能力。比如在美工区，有个孩子一直盯着另外一个孩子的手工作品看，显示出极大的兴趣，教师就可以利用这个情况，让手工作品的制作者向这个孩子介绍自己的作品，无形中促进孩子间的交流，实现语言能力和社交能力的提高。

（四）健康指向

健康指向的墙面环境创设，应该具有两层含义：它必须保证幼儿生理的健康和心理的健康。幼儿园工作的重中之重，毫无疑问，非幼儿的安全健康莫属。只有在保证幼儿安全健康的前提下，才能考虑他们的发展问题。墙面环境和幼儿园中的其他环境一样，也必须将幼儿的安全健康放在首位。健康指向的墙面环境创设的材料应该是安全的，不应该有过于艳丽或者暗淡的颜色，不应该有刺鼻的气味，不应该有尖锐的棱角，不应该有掉落的危险，不应该含有过量的铅、甲醛等有害物质。另外，墙面环境应该是适合幼儿心理健康发展的。

适合幼儿心理健康发展的墙面环境，内容应该是愉快轻松的，能为幼儿带来安全感、舒适感；也应该是能为幼儿提供成功体验的，让幼儿能感受到成功之后的快乐和成就感；甚至可以创设一些进行情绪发泄的角落，以帮助幼儿获得良好的情绪。

案例四

如图4-12所示，面对小班幼儿的分离焦虑，教师利用班级墙面创设出"心情吧"，用小火车载着生气宝宝、笑宝宝、哭宝宝去旅行，引导幼儿记录自己开心或不开心的情绪，通过与同伴的讨论，学会运用多种方法使自己变得快乐，并能经常保持快乐的情绪。图4-13所示的"吃饭棒""睡觉棒""学习棒"的不同分类，为幼儿提供成功体

第四章　幼儿园班级墙面环境的创设与布置

验，让幼儿感受到成功之后的快乐和成就感。

图 4-12

图 4-13

（五）视觉指向

视觉指向的墙面环境创设是指向幼儿呈现具有高度美感的墙面环境。从小培养幼儿的审美情趣是幼儿园美育中的一部分，在幼儿园环境中，为幼儿提供美观舒适的视野非常重要。具有高度美感的墙面环境应该是色彩和谐、形象具体、布局合理的。和谐的色彩不仅可以提升幼儿的审美情趣，而且不会增加幼儿的视觉疲劳；具体的形象能帮助幼儿正确地认识事物；合理的布局可以让幼儿处于协调的环境中。

墙面环境创设虽然需要美观，但是也要避免过于追求美观而忽视墙面环境应有的教育意义。对墙面环境而言，装饰环境的作用毕竟是次要的，为幼儿发展提供帮助才是最重要的。

案例五

如图 4-14 所示，大班在创设墙面环境时，以名画中的某些基本元素为主，将马蒂斯剪纸融入班级环境，不仅能提高幼儿解读名画的能力，而且能增强其艺术素养。幼儿在感受美的同时，无形中提升了表现美的能力。图 4-15 巧妙地将徽派建筑风格融入班级外墙，实现对孩子视野的开拓。

图 4-14

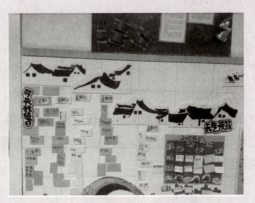

图 4-15

第二节 班级墙面环境的设计与布置

一、常规性墙面的设计与布置

（一）墙面主题来源于常规要求，有一定的发展空间和可能性

按照幼儿在园的一日活动内容划分，幼儿园的常规可以分为生活常规、游戏常规、学习常规三部分。因此，在设计常规性墙面的主题时，首先应明确常规的种类，此外还应当根据各年龄段幼儿的能力、特点对常规进行调整，如在中班制定劳动常规，大班制定值日、收拾和整理常规。

（二）有基本固定的内容和要求

常规性墙面一般有固定的内容和要求，如：

1. 餐前服务
※ 幼儿协商自选角色
※ 了解工作程序规则
※ 协助与配合

2. 动植物管理
※ 分工与明确职责
※ 照顾职责
※ 重要发现
※ 管理照料的经验与分享

3. 标识提示
※ 进区人数
※ 操作指南
※ 注意事项

（三）墙面内容的表征形式应生动形象，符合不同年龄幼儿的特点和需求

在创设常规性墙面时，教师应注意避免单一的说教倾向，而应该从不同年龄段幼儿的特点和需求出发，生动、形象地创设常规性墙面的内容，如图4-16所示，以漫画的形式表现班级公约。

第四章 幼儿园班级墙面环境的创设与布置

图 4-16

二、装饰性墙面的设计与布置

（一）幼儿的主体性随年龄增长逐步提高

装饰性墙面的创设主体一般是教师或者幼儿，但也有不少幼儿园开发利用家长资源，把亲子制作作为一种促进亲子关系和加强家园联系的途径，将亲子制作的作品搬上班级墙面。教师的作品外形美观、蕴含特定的教育意义，但往往幼儿的接受程度不高。幼儿的作品反映的是每个幼儿眼里千差万别的世界，能表现出幼儿想法的独特性，创作的过程能让幼儿体会到快乐，产生成就感，因此幼儿对这类作品最有兴趣。师生合作的作品因为有幼儿亲手创作的部分，包含幼儿自己的劳动成果，也比较受幼儿的喜爱。"小朋友最喜欢的其实还是自己的作品，会经常和别的小朋友一起去看和讨论。"而亲子作品要求家长和幼儿共同参与，在创作的过程中自然会加强家园联系，使家长能更好地理解、配合教师进行幼儿教育，实现 1+1 ＞ 2 的教育效果。

总体来说，幼儿的年龄越小，越以教师作品为主。随着幼儿年龄的增长，师生合作的作品和幼儿的作品逐渐增多，教师的作品慢慢不再占据主要地位。到了大班，基本上幼儿的作品就是墙面内容的主体（图 4-17）。由此可见，从小班、中班到大班，幼儿在班级墙面环境创设中的参与程度是逐步提高的，随着年龄的增长，更加凸显幼儿的主体地位。

图 4-17

（二）墙面的教育价值与审美价值应当并存

教育价值与审美价值并存是装饰性墙面的设计要点，并且装饰性墙面的内容与作品应有收藏价值。

（三）装饰性墙面不宜过满、过杂、过高，应便于观看

在布置装饰性墙面时要有整体意识，作品的位置应根据需要摆放，不可随意悬挂，否则会造成视觉上的混乱。作品的内容和形式应结合班级的主题活动。如图 4-18 所示。

图 4-18

第四章 幼儿园班级墙面环境的创设与布置

三、主题性墙面的设计与布置

(一)墙面主题应联系幼儿生活

墙面环境创设内容的题材大致分为动物、人物、植物、自然风光、交通工具和生活用品六大类。[①] 已有的实验研究证明,幼儿比较偏爱表现动物和交通工具的作品,因为这些事物具有观赏性、玩赏性和熟悉性这三种特性。西方学者也认为"幼儿喜欢熟悉的事物的图画"。这就是说,墙面环境所表现的内容应该是贴近幼儿生活的、幼儿熟悉的事物,只有这样才能引起幼儿的兴趣,促使幼儿产生学习的动机和探索的欲望。

在班级主题墙面内容的选择上,教师应从幼儿已有的感性经验出发,选择幼儿容易接受的生活化的内容,使墙饰真正与幼儿互动起来,主题内容、表现方式等都要贴近孩子们的生活。只要墙面创设的内容与幼儿的生活经验密切相关,贴近幼儿生活,就能吸引幼儿主动地观察和接触,这时墙面便成为孩子与成人、同伴谈话的"源",幼儿会围绕它进行语言交流。而教师若能适时介入和引导,更是给幼儿的语言发展注入"催化剂"。教师与幼儿之间、幼儿与幼儿之间的相互交流,使孩子的语言能力在不知不觉中得到了提高。

案例六

图4-19所示的"猜猜我是谁家的娃",经常有很多小朋友围着看,他们一起谈论照片上的小朋友,说说小朋友的变化,他们很喜欢这面墙。而且有很多家长也会去看,和小朋友一起谈论那些照片,小朋友会告诉家长照片上的人都是谁……这样(反映幼儿身边熟悉事物)的墙面能增强小朋友的语言交流能力和社会性。

图4-19

---

① 张奇. 儿童审美心理发展与教育[M]. 北京:北京师范大学出版社,2000:146.

（二）墙面环境应与教育活动相呼应，浑然一体

教育目标要通过具体的教学活动来实现。幼儿园班级主题墙面作为班级大环境的一个组成部分，应从教育一致性原则出发，围绕班级教学活动的开展进行创设。在教学活动之前，它可以作为一种铺垫，启发、引导幼儿产生对即将进行的教学活动的兴趣；在教学活动之中，它可以表现活动的进程、推动活动的深入发展；在教学活动之后，它能够延伸幼儿的活动或思考，促使幼儿与墙面进行交流互动。在创设墙面环境时，应目标明确、突出主题，而且要把目标落实到每个具体的活动中，将目标与教学内容结合起来，使墙面环境与教育目标相一致。如：开学初，中班的主题活动是"虫虫飞"，围绕这一主题，可创设的墙面环境有"蚂蚁王国"（蚂蚁的家的样子），"昆虫大集合"（老师和孩子一起制作的各种昆虫手工作品），"蚕的一生"（蚕从出生到变成飞蛾的各个阶段的变化），"竞技场"（幼儿的手工作品独角仙）。此外，还可以把这一主题延伸到小动物身上，在自然角创设"可爱的小动物"（家长和孩子共同收集张贴的"小动物和爸爸妈妈嬉戏"的图片），使幼儿能感受到妈妈对自己的爱，从而产生爱妈妈的情感。这样的墙面环境很富有特色，把教育理念、教育目标、教育内容无声地渗透在环境中。

（三）墙面主题具有发展性和动态性

主题性墙面环境的发展性是根据当前的主题教育目标和不同年龄幼儿的水平，分期变换创设的。例如，小班初期，幼儿绘画技能有所欠缺，教师可和孩子共同合作创设环境：老师画树，孩子们添画树叶、小草、水果等，环境创设中教师的指导要多一些。到了中、大班，孩子们的口语表达能力和绘画技能有所提高，作品很丰富，参与意识也更强了，可以直接用孩子的作品创设，还可以让幼儿协商合作，分组创设环境，充分挖掘环境的教育内涵，使之成为幼儿所思所想的表达平台，不断培养孩子们的参与热情和积极性，使他们充分体验成功感和自豪感，使环境创设服务主题课程的发展，服务孩子的健康发展。

主题性墙面环境的动态性包括两层意思：一是指环境的创设要根据教育目标和幼儿发展需要不断发展变化，即主题性墙面要随主题的发展变化而不断深化。二是指在不断更新环境的过程中，为幼儿提供更多参与活动和表现的机会。如：某幼儿园春季学期第一主题是"海、陆、空总动员"，主题墙饰呈现出的是各种交通工具，营造出的氛围也是交通世界；第二主题是"虫虫飞"，呈现和营造出的氛围就与第一主题不同了，由海、陆、空延伸到了在那里生活的动物，环境处于一种动态的变化中，非常符合孩子求新求变的心理特征，让每一个主题性墙面环境都以鲜明的格调陶冶幼儿的情操。同时，在每一主题性墙面环境的创设过程中，孩子们都会有不同的作品呈现，给他们提供更多展示自己能力的机会，更使他们体验到成功的快乐。

案例七

图4-20所示的"幼儿园里朋友多"主题性墙面，将幼儿的合影布置在墙面上，幼儿自然会从心理上产生一种班级归属感，从而减轻分离焦虑。同样是国庆主题创设，小班的主题为"我爱你中国"，将幼儿的美工作品直接粘贴在墙面上，营造节日的喜庆

氛围,让幼儿在边做边感受的过程中体验节日的快乐和意义;中班的主题是"美丽的祖国",全国各地的风景名胜图片都被贴在中国地图上相应的位置,以增加幼儿对祖国的地理外貌和秀美景色的认知、了解,拓展幼儿的视野;大班的主题是"好大一个家",将一些常用、简单的汉字在不同历史时期的形态展示在墙面上,激发幼儿对祖国语言文字的兴趣和热爱。对于同一个主题,班级墙面环境的创设应针对不同年龄班的幼儿,设置与之身心发展水平相适应的难度,这样既能激发起幼儿参与创设的兴趣,又能使幼儿在最近发展区"跳一跳,摘到桃",保证不同年龄层次的幼儿在原有水平上都能有所发展。

图 4-20

(四)墙面的内容应是在幼儿充分经历和体验的基础上形成的,是以个人的学习表达和记录为基础的

幼儿园主题性墙面环境的教育性不仅蕴含在环境之中,而且蕴含在环境创设的过程中。过去的环境创设使幼儿的思维和行为依附于教师的思维和行为,如今,墙面环境从主题的产生、内容的来源、布置的过程等多方面都生动、直观、真实地再现了师生之间近距离的对话,幼儿与教师之间亲密的关系,幼儿与幼儿之间的情感交流,教师与家长的情感传递。幼儿园主题性墙面环境创设中教师与幼儿合作,幼儿能以小主人的身份亲自参与到教育过程中,真切地感受到"我们长大了,我们的力量能使环境发生改变",这对培养孩子们的自信心、学习兴趣非常有益。

对于每一个主题,除了要用它丰富的主题内容来教育幼儿外,还要努力营造出具有造型美、色彩美、艺术美和行为美的氛围来感染幼儿。因此,在主题性墙面环境创设的过程中,要十分重视师生共同参与、共同设置布局,要注意倾听孩子的声音、启发孩子的智慧、支持孩子的行为、参与孩子的对话、分享孩子的情感,真正发挥幼儿的主体性和参与意识,使幼儿在环境创设过程中充分地与环境产生共鸣和交流。

（五）主题性墙面环境的创设要体现家园一致

许多幼儿家长对幼儿园的教育理念、教育过程和方法并不是很了解，这会给他们配合教师教育好孩子带来一些难度。主题性墙面环境能为他们呈现非常完整、具体的教育过程，并且在主题性墙面环境创设中，有时候还需要幼儿和家长共同参与，如：请他们收集一些图片资料，收集一些商标、包装袋，用同种花美化自然角，等等，家长的参与能使他们更了解幼儿园的教育目标，在主题性墙面环境创设过程中感受孩子的发展成长过程，不断更新育儿的理念，这对做到家园一致性教育非常有利。

 四、功能性墙面的设计与布置

（一）与区域的内容、阶段性目标、操作性材料相适宜

功能性墙面有明确的功能要求，在不同区域应具备不同作用，如在美工区起到学习提示的作用（图4-11），在建构区提供图谱提示，在娃娃家提供角色与任务的提示。

功能性墙面涵盖的功能指向还应该与环境相适应，在盥洗室应指向安全提示、关爱、教育性；在衣服摆放处，应帮助幼儿增强自理能力；在寝室，则应指向安全、温馨、和谐、优美。

（二）能促进幼儿的游戏、学习活动，有引发和促进的作用

功能性墙面应具有操作性，给幼儿与墙面充分互动的机会，促进幼儿游戏与学习。教师可设置一些有趣的故事场景，吸引幼儿动手操作，为他们的思维搭建一个适宜的"支架"，在"摆一摆、弄一弄、摸一摸"中，使抽象的事物变得形象直观、具体可感，使幼儿在充满趣味的操作中掌握和巩固抽象的学习内容。

案例八

图4-21所示为"比比哪个滚得快"功能性墙面，幼儿必须动手进行操作，通过实际的动作直观地感受在哪个斜坡上弹珠滚得更快。

图 4-21

第三节　班级墙面环境创设案例与分析

一、家园联系栏的创设案例与分析

家园联系栏是班级老师与家长联系互动的一个窗口，是反映保教工作的一面镜子，更是进行教育交流的园地。它能增进幼儿园与家庭的联系，帮助家长了解班级近期工作开展的情况和各项信息，以及孩子在幼儿园的学习、生活情况等，加强教师与家长间的沟通与了解，使双方形成合力，共同对孩子实施素质教育。

（一）创建家园联系栏的方法

家园联系栏有横版和竖版之分，展示的内容多种多样，装饰要起到美化和强调的作用，还要填补版面的空白，如图4-22所示。幼儿园家园联系栏一般包括以下五个小板块。

图4-22

1. 本周计划（快乐学习）

"本周计划"或"快乐学习"主要将班级一周的学习内容公示出来，告诉家长本周的教育目标和内容，便于家长了解，使家长对幼儿的学习做到心中有数，增进家园合作。

2. 互动内容

这个栏目可以让老师了解家长每天希望其注意的事情，同时也让家长学会配合，以实现更理想的家园互动效果，是工作的重点。如在"请您配合"中记录本周需要家长配合幼儿园和班级的事项或要求。又如在"春天又来了"主题中，请家长周末带孩子到公园、郊外寻找春天，感受大自然的美和变化，并将找到的春天以照片或图画的方式带到幼儿园；为丰富班里的体育角，请家长和孩子一起制作一个沙包，并带到幼儿园。

3. 父母必读（家教指南，健康驿站）

经常介绍成功的育儿经验和结合季节特点的保健常识，来解决家长的一些困惑，或让家长与家长之间相互交流，共享成功经验。

4. 童言稚语

介绍幼儿的语言发展特点，展示一些有趣的幼儿对话和闲聊话题，使家长在感受幼儿说话有趣的同时，惊喜地发现孩子在长大，他们需要受到良好的教育。

5. 实时播报（宝贝进步啦）

主要针对孩子在幼儿园一周的生活和学习表现来进行评比，教师要对表现出色的小朋友进行表扬，并将其照片贴在这一板块中。此外，教师可以把幼儿园的绘画、手工作品等有特点的图片放入本栏目，以提升幼儿的自豪感。孩子们都希望自己进步，这种方法可增强孩子们的竞争意识，使他们积极上进。一周下来，给家长们一个满意的反馈，家长们满意、高兴是家园合作最大的动力。

（二）家园联系栏的设计

家园联系栏的设计请注意以下两点。

1. 颜色协调，风格相对统一

2. 装饰原则

（1）对称式：图案的大小、颜色、疏密相对均匀，如图4-23所示。

图4-23

第四章 幼儿园班级墙面环境的创设与布置

（2）均衡式：（不对称）以角为中心，花型大，造型丰满，相对密集。花朵由大到小，由密到疏，渐向两侧或一侧展开，如图4-24所示。

（3）图案的布局：图案虽然是陪衬，但决定整体的走势。比如用花朵装饰家园联系栏时，叶子的造型要简单，并根据花朵的布局安排调整叶子的大小与数量，要疏密得当并适当遮挡，如图4-25所示。

图4-24

图4-25

二、半立体式装饰性墙面的设计与制作

（一）作品主题——跟着康定斯基去感受、去发现

（1）适合对象：4~6岁的幼儿（中班、大班）。

（2）设计意图：在欣赏名画的氛围里，给幼儿以愉悦积极的心理影响，让孩子在大环境中体验生活的美好，初步了解康定斯基以及他的作品和绘画风格。如图4-26所示。

图4-26

(二)制作步骤详解

(1) 准备材料:卡纸、纸箱、盘子、水管、毛线、泡沫板、丙烯颜料、半成品材料、剪刀、双面胶、泡沫胶、小镜子等。

(2) 根据主题构思确定草图,在素描纸上画出实际画面大小的线稿。以康定斯基的作品为主要基调,在此基础上对这些元素进行分割、塑造和块面化处理,重新对作品进行组合装饰。

(3) 用拷贝纸将图样拷贝下来。

(4) 用勾线笔将图样印画到相应的硬纸板上,并将图样沿着印画的痕迹剪下来,利用白色颜料为图样打底色,再用不同颜色颜料进行渐变色处理。

(5) 背景制作:运用黄色作底板色(丙烯颜料),凸显视觉效果。

(6) 将小纸箱粘贴到处理好的硬纸板后面,用泡沫胶将硬纸板粘贴到画板的相应位置,制造出半立体的感觉。

(7) 注重颜色搭配要鲜艳、丰富,用小镜子点缀。

(8) 组合、整理完成。

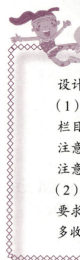

课后练习

设计一个家园联系栏。

(1) 设计要求。

栏目名称、边框装饰兼备,图文并茂。

注意每个板块的位置要求。

注意背景墙饰的色彩搭配与装饰的变化。

(2) 分小组进行实践练习。

要求先摆,然后再固定。

多收集素材,在设计时可采用多种图案形式和装饰。

第五章 班级生活区域环境创设

学习目标

1. 理解幼儿园生活活动的重要性以及班级生活区域环境创设的意义。
2. 熟悉幼儿园班级生活区域的主要功能,乐于积极思考如何创设班级生活区域。
3. 掌握幼儿园班级生活区域设计与布置的方法。

案例导入

在幼儿园的环境创设中,大家最容易忽视的就是班级生活区域的环境创设。一部分教师不会把班级生活区域的环境创设列入环境创设计划中,这是因为对环境创设的重要性认识不足;还有一部分老师虽然知道班级生活区域环境创设的重要性,但是不知道该从哪里着手,也不知道具体该如何创设。本章会就相关问题给出一些实际的建议。

美国教育学家杜威指出,生活是个体的和种族的全部经验,即包括个体的和群体的这两种不同的类型。其中,个体的经验是有限的,群体的经验却在不断地延续之中。在我国学者陶行知的论述中,生活是指人类所有的实践,他曾指出,"生活主义包含万状,凡人生一切所需皆属之,其范围之广实与教育等",并提出了著名的"生活即教育"的重要教育理念。

生活活动不仅是满足幼儿生理需要的途径,还是教育、引导幼儿的有效途径。《纲要》要求"密切结合幼儿的生活进行安全、营养和保健教育""幼儿社会态度和社会情感的培养应渗透在多种活动和一日生活的各个环节中""科学教育应密切联系幼儿的实际生活进行"……可见生活环节的教育价值没有那么简单。

提出"重视幼儿一日生活的教育价值"的理念，就是希望能把幼儿一日生活中最隐秘的、潜在的寻常时刻提升到教师理论认识的层面上来。乔治·福门博士在《儿童经历的寻常时刻》中论述了儿童生活中的典型时刻和寻常时刻，认为儿童的大部分时间不是在被命名为"学习"的活动中度过的，而是由一个个细微的生活片段组成的。恰恰是这些片段，蕴涵了令人难以想象的潜在契机。最佳的时刻是简单细小的寻常时刻，而不是那些庞大复杂的时刻。

　　目前，在幼儿园的一日生活中，幼儿的生活处于被忽略的寻常时刻，没有引起教师们的足够重视；对活动的组织和实施没有明确的目标；生活活动与教育活动脱节，没有同时，甚至没有将幼儿普通的生活环节的教育价值扩展到社会生活中，没有与幼儿的终身发展相衔接。另外，在生活环节中更多的是一种班级管理，而远离了教育的价值，在环境创设与规则要求等方面更是缺少人文精神的关怀和教育契机的挖掘。

第一节　班级生活区域的分区及功能

　　幼儿园的一日活动皆课程。幼儿园的一日活动主要分为四类，即生活活动、运动、学习活动、游戏活动，它们既综合指向课程目标与内容，又保持各自的特点。

　　幼儿园生活活动是指幼儿园中满足幼儿基本生活需要的活动，主要包括入园、进餐、睡觉、盥洗、如厕和离园等活动，旨在让幼儿在真实的生活情境中自主、自觉地提高生活自理能力，形成健康的生活习惯和交往行为，在共同生活中愉快、安全、健康地成长。

一、班级生活区域的分区

　　对班级生活区域做适当的分区可以帮助幼儿更好地适应集体生活，使区域的功能得到最大限度的发挥，就好比一个屋子里有客厅、厨房、卫生间、书房等分区一样，这种划分会让房屋主人的生活井然有序。

　　根据班级生活活动的内容，生活区域可以分为整理区、盥洗室、睡眠室和进餐区。

（一）整理区

　　整理区通常设在教室门口或班级阳台等相对宽敞的地方，其主要功能是在幼儿入园、离园或者其他活动交替的环节做整理的区域，如入园和离园时整理书包和衣物，户外活动或体育活动前后整理衣着等。如图5-1所示。

第五章　班级生活区域环境创设

图 5-1

（二）盥洗室

盥洗室是幼儿使用最频繁的一个区域，也是最需要用心设计的一个区域，因为它关系到盥洗活动的安全性、有序性和有效性。其中，盥洗室又可以细分为盥洗区和如厕区。

1. 盥洗区

在盥洗区（图 5-2），幼儿主要从事的生活活动是洗手，包括饭前便后洗手和各类活动后必要的手部清洁，如美术活动、科学活动中接触和使用了某些材料，体育活动中使用了体育器械，户外活动中操作了户外玩具，等等。

图 5-2

2. 如厕区

对所有生物个体而言，"吃、喝、拉、撒、睡"这几件事都是最重要的，幼儿生活活动中很重要的"拉"和"撒"的环节就是在如厕区（图5-3）完成的。俗话说"人有三急"，其中一急就是排泄。排泄的需要在很大程度上会影响幼儿其他活动的开展和进行，越是年幼的孩子影响就越大。

图 5-3

（三）睡眠室

在我国，绝大多数幼儿园都是全日制的，另外有极少数半日制和寄宿制幼儿园。除了半日制幼儿园的幼儿不在幼儿园午睡外，全日制和寄宿制幼儿园都要为幼儿提供睡觉的场所，这是为了满足幼儿身体发育的需要和为幼儿下午的活动提供保障。如图5-4所示。

图 5-4

1. 墙面区

在睡眠室的墙面上进行适当的装饰和美化是为了给幼儿营造更快进入睡眠状态的氛围和情境。

2. 睡眠区

幼儿睡眠区的科学设置是为了保障幼儿能够安全、安心地休息，从而保证幼儿充足的睡眠。

(四)进餐区

有的幼儿园是三餐两点,有的幼儿园是两餐两点,还有的幼儿园是一餐一点,不管是哪种餐制,都需要有专门的进餐区,以保证幼儿愉快地进餐。

1. 饮水区

为了保证幼儿对水的摄入,教师们会对幼儿做出一天不少于6次的饮水要求。另外,幼儿还可以根据需要随时饮水。如图5-5所示。

图5-5

2. 备餐区

备餐区的面积不用很大,在进餐前,应做好进餐准备工作,保障进餐活动有序、顺利地进行。

3. 用餐区

饮食对幼儿身体发育的重要性不言而喻,享受美味而营养均衡的食物,在轻松愉快的氛围中和小伙伴一起用餐,是很多幼儿喜欢幼儿园的一个重要原因。除了极少数幼儿园是全园幼儿集中用餐外,绝大多数幼儿园的用餐区会设置在班级的活动室里,因此科学地设置用餐区,合理利用教室面积显得尤为重要。

二、班级生活区域环境创设的意义

《纲要》指出:"幼儿园日常生活组织,要从实际出发,建立必要的合理的常规,坚持一贯性、一致性和灵活性的原则,培养幼儿的良好习惯和初步的生活自理能力。"

幼儿不是被动的"被保护者"。教师要尊重幼儿不断增长的独立需要,在保育幼儿的同时,帮助他们学习生活自理技能;应尊重幼儿身心发展的规律和学习特点,充分关注幼

儿的经验，引导幼儿在生活和活动中生动、活泼、主动地学习；帮助幼儿养成良好的饮食、睡眠、盥洗、排泄等个人生活卫生习惯和爱护公共卫生的习惯；指导幼儿学习自我服务技能，培养幼儿基本的生活自理能力；密切结合幼儿的生活和活动进行安全、保健等方面的教育，提高幼儿的自我保护能力。

《纲要》还指出："幼儿园应为幼儿提供健康、丰富的生活和活动环境，满足他们多方面发展的需要，使他们度过快乐而有意义的童年。"

（一）帮助幼儿养成良好的生活习惯

著名教育家叶圣陶说过："教育就是培养习惯。"良好的生活习惯能让幼儿一生获益。对正在成长中的幼儿而言，养成良好的生活习惯对他们的身体发育是重要的保障。

1. 满足幼儿的基本生理需要

人类所有的活动都是建立在满足基本生理需要的基础之上的，比如一个睡眠不足的幼儿是无精打采的，他很难以饱满的精神状态去参加游戏活动，哪怕幼儿天性喜欢玩耍。幼儿园和家庭的主要区别之一，就是幼儿园有科学的一日作息制度，教师会按照一日作息制度组织幼儿的一日活动，在有效满足幼儿基本生理需要的基础上，开展多种形式的教育教学活动。

2. 养成良好的卫生习惯

良好的卫生习惯是良好的生活习惯的一部分。幼儿期是人类成长阶段中生命力较为脆弱的时期，因此良好的卫生习惯是保障幼儿身体健康成长的重要因素，这些看似细小的习惯，如饭前便后洗手，睡觉时不蒙头，等等，对幼儿的发育有重要的意义。

（二）帮助幼儿获得最基本的生活经验

知识本身就是经验的积累，生活经验能帮助幼儿更好地适应社会生活，从而保证个体的生存和发展。例如，幼儿在幼儿园的午睡环节学会穿脱衣服、穿脱鞋子和叠被子；在盥洗环节学会"六步洗手法"，学会自理和自立。

（三）促进幼儿社会性的发展

幼儿进入幼儿园意味着进入集体生活，在某种意义上，可以说是真正进入了社会，幼儿从"大家都围着我转"的家庭系统，转到"我要和大家配合"的社会系统，因此幼儿园被人们定义为人生第一个转折点。

1. 萌发自信自立的意识

生活自理能力强、自立自主的幼儿往往有强烈的自信心，因为他们可以独立处理自己遇到的生活问题，从而产生"我能行"的信念。反之，在幼儿园里，我们经常能看到起床时不会穿衣、穿鞋和叠被子的孩子，面对同伴的自信，这些孩子往往会有沮丧和挫败的情绪，同时会产生"我不行"的信念，从而导致对自己缺乏信心。

2. 促进交往能力的发展

在幼儿园里，幼儿真正和同伴进行社会性行为交往并不只是在教育教学和游戏活动中，而是更多地在生活活动中。如在盥洗室里，我们能够观察到幼儿和同伴有更多的语言交流和人际互动；在起床时，能力强的幼儿往往会主动帮助能力弱的同伴。

3. 培养规则意识

社会性发展的一个很重要的标志就是不再单一地从自己的角度看待问题和思考问题。幼儿最初都是以自我为中心的，而且年龄越小这一点越突出。在幼儿园集体生活中，幼儿学会了轮流和等候，如喝水要排队，洗手要分组，个人物品要放在指定的地方，等等，从而促进幼儿的社会化发展。

4. 学习基本的生活礼仪

我们经常会夸奖某个孩子有教养，教养体现在哪里呢？教养是通过礼仪体现的。礼仪是社交活动和社会生活的润滑剂，在进餐环节，幼儿学会了进餐礼仪，如不撒饭、饭后擦嘴；在入园环节，幼儿学会了问候教师和同伴，等等。懂得礼仪的幼儿能够获得成人更多的夸奖，从而强化他们的行为，增强自信心。

（四）帮助幼儿习得自我保护的基本方法

作为生物体，自我保护是一种重要的能力。在幼儿园里，幼儿人数较多，教师不能保证面面俱到，很多时候需要幼儿进行自我管理。环境的设计以及规则的制定，如喝水时要排队，就是为了避免因拥挤而造成推搡和混乱，保障幼儿的人身安全。

第二节　班级生活区域环境的设计与布置

生活活动在时间、内容、组织方式等方面每天变化不大，因此教师不能将这些仅仅看作保育工作，而忽视它们的教育性。我们要看到，生活活动贯穿一日生活始终，它对幼儿的身心发展具有重要作用。一百年前，蒙台梭利就发现了幼儿喜爱条理性和连贯性，幼儿在有结构的、熟悉的环境里会感到安全。因此，科学地设置班级的生活区域，其重要性不亚于班级其他活动区的设置，是一个值得思考和探讨的话题。对于班级生活区域的创设，固然要考虑到艺术性和美观，但是最重要的还是科学性和实用性。

一、整理区的环境创设指导

幼儿园的整理区相当于一个家庭的玄关或客厅的入口。幼儿入园后的第一件事情就是去整理区，收纳和整理自己的个人物品。整理区通常设在教室门口或者班级阳台上。大多数幼儿园会为班级整理区提供衣物柜、小条凳等一些硬件设施。衣物柜主要用来收纳幼儿的书包、更换的衣物以及鞋子等，小条凳的作用是方便幼儿坐下来更换鞋子。如图 5-6 所示。

如何帮助幼儿更好地使用整理区的设施，并且使幼儿物品显得井井有条呢？最常用的方法就是图示法。

图 5-6

请每一位幼儿带来一张自己的照片,教师帮助幼儿将照片粘贴在衣物柜里,以此帮助幼儿记忆和识别自己的空间,避免因为物品随意放置而引发过多的寻找行为。

如果是中、大班的幼儿,照片的方式也可以进行更换。如可以请中班的幼儿画一张小小的自画像,作为标志;大班幼儿如果有简单的书写能力,可以请他们在彩色的卡纸上写上自己的名字,作为标志。这样既可以体现不同年龄段幼儿的特点,又可以体现幼儿参与环境创设的教育理念。无论是自画像还是名字,建议都做过塑处理,因为整理区是幼儿每天都要使用的区域,过塑后可以避免很快出现破损,影响美观和使用。

对于小班新生,教师还需要在不同的隔断贴上不同的图案,给幼儿提示。如书包、衣服和鞋子的图案,告诉幼儿不同的分割区间是用来做什么的,使幼儿的所有收纳物品都一目了然。

幼儿入园时,是分散入园,使用衣物柜时比较自由。可是在离园环节,因为家长集中接幼儿,所以衣物柜的使用人数会显著增加。因此,在衣物柜前,教师还可以贴出队列的图示,示意幼儿排队取放物品,避免混乱。

在小条凳处,教师应先根据小条凳的长度,估计适合几名幼儿同时坐在上面使用,然后用彩色不干胶贴纸剪出小脚印或者其他图示,给幼儿简单的规则暗示,避免幼儿同时使用,人数太多引发安全隐患。

二、盥洗室的环境创设指导

幼儿在幼儿园的一天活动里,盥洗活动占了很大的时间比例。教师在组织幼儿进行盥洗活动时,对教师,尤其是对年轻教师是一个考验,因为幼儿比较分散,所以容易发生顾此失彼的情况。因此,科学合理地进行盥洗室的环境创设对活动组织和幼儿良好卫生习惯的培养具有重要作用。一般情况下,幼儿园的盥洗室又分为两个区,一个是盥洗区,另一个是如厕区。

(一)盥洗区的设计与布置

幼儿园的盥洗区(图 5-7)相当于一个家庭的卫生间,它是幼儿洗手的场所。幼儿一天内在幼儿园洗手的次数很多,以三餐两点的幼儿园为例,仅餐前洗手就需要进行5次,再加上开展其他活动,如户外游戏、体育活动、美术活动等,教师组织的洗手次数就更多了。在这个环节,教师的主要任务是组织幼儿有序地、按照正确的方式洗手,提醒幼儿节约用水,冬季的时候避免幼儿因为玩水而打湿袖子,引发幼儿感冒。

图 5-7

1. 盥洗区墙面的设计与布置

因为盥洗区的主要功能是洗手,所以盥洗室的墙面设计一般以提示幼儿正确的洗手方法为主,比如选择"六步洗手法"的图片(图 5-8)。要注意选择色彩柔和的图片,可以要求中、大班的幼儿绘制"六步洗手法"的图画,进行墙面装饰。此外,还可以张贴生活小常识,如图 5-9 所示。

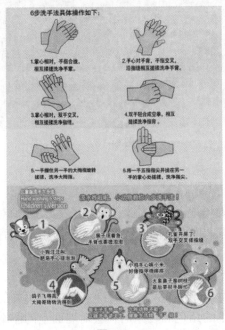

图 5-8

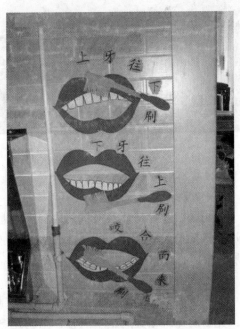

图 5-9

2. 盥洗区设施设备的设计与布置

盥洗区的常见设施是水龙头和毛巾架。

水龙头旁边可以张贴关于节约用水、不玩水以及洗手擦手流程提示的卡通图案，如图 5-10、图 5-11 所示。

图 5-10

图 5-11

在毛巾架上贴上标识，以帮助幼儿识别自己的毛巾，避免幼儿混用，保证幼儿的健康。小班幼儿可以张贴自己的照片，中、大班幼儿可以用图案或者名字进行区别。如图 5-12、图 5-13 所示。

图 5-12

图 5-13

（二）如厕区的设计与布置

如厕区的主要功能是提供幼儿解决排泄需要的场地。除此之外，如厕区也是教师对幼儿进行健康教育，培养幼儿养成良好的卫生习惯，以及进行节约用水、节约用纸教育的场所。

1. 如厕区墙面的设计与布置

如厕区的墙面可以张贴排便的可爱有趣的图案，例如从相关的绘本里选择相关的图片，先给幼儿讲相关的绘本内容，当幼儿熟悉绘本的角色和场景后，会对墙面上的图案更有亲切感，引发幼儿排便的愿望。如图 5-14 所示。

图 5-14

对于男女分区的如厕区，还可以加上有性别区分的可爱的卡通造型，这也是对幼儿进行性教育的契机。如图 5-15、图 5-16 所示。

图 5-15

图 5-16

2. 如厕区设施设备的设计与布置

可以在坐便器和小便器对应的墙面上张贴提示节约用水和节约用纸的图案，可以请中、大班幼儿绘制相应的图案，幼儿参与图案绘制的过程，也是对幼儿进行教育的过程。

可以在小便池的墙上贴上有趣的图案，让幼儿不觉得上厕所枯燥，甚至将其变成一个游戏（图 5-17）。

将不同长度的纸准备好，便于幼儿随时根据不同的需要取用（图 5-18）。

图 5-17

图 5-18

通过图示法，引导幼儿观察自己的大小便，对幼儿进行健康教育（图 5-19、图 5-20）。

图 5-19

图 5-20

三、睡眠室的环境创设指导

幼儿园的睡眠室相当于一个家庭的卧室，它的主要功能是供幼儿午睡，保证幼儿的充足睡眠，满足幼儿身体发育的需要，并为幼儿下午的活动做好准备。睡眠室的环境要求静谧温馨，有利于幼儿入睡。

（一）墙面区的设计与布置

幼儿园的睡眠室通常有两种情况：一种情况是独立睡眠室，另外一种情况是教寝合一，后一种情况就是活动室和睡眠室共用一个区域，即教师开展教育教学时，幼儿的床铺是收起来的，到午睡时再将活动室腾空，将床铺摆放好供幼儿休息。

1. 独立睡眠室墙面的设计与布置

独立的睡眠室通常比较宽敞，教师可以对睡眠室的墙面进行美化和装饰。要尽量选择能够让幼儿静下来的优美温馨的图案，画面所表现的内容最好和休息、睡眠有关，不宜选择动感很强的图案，如幼儿特别喜欢或者十分热门的卡通人物等。同时，图案的色彩不宜太鲜艳、太花哨，建议以浅色为主，避免让幼儿产生兴奋感。如图5-21、图5-22所示。

图 5-21

图 5-22

为了保证通风和采光，独立睡眠室一般都有窗户，并会配上窗帘，以弱化光线。如果墙面有装饰性的图案，那么窗帘最好以净面为主。如图5-23所示。

图 5-23

为了培养幼儿的生活自理能力，睡眠室的墙面也可以张贴关于穿脱衣服的顺序、叠衣服的顺序以及叠被子的顺序等图示，小班睡眠室采用照片的形式会更加直观，中、大班可以请幼儿绘制。

部分幼儿园独立睡眠室的面积较大，为了充分利用活动空间，会将一些活动区也布置在睡眠室里。如果是这种情况，建议将阅读区等比较安静的区域放置在睡眠室里，这样不会对幼儿的入睡产生干扰。另外，将阅读区放置在睡眠室的另外一个好处是，方便教师进行睡前阅读，也方便那些醒得比较早的幼儿适当提前起床。

2. 教寝合一睡眠室墙面的设计与布置

教寝合一的班级不需要特别的墙面设计，因为通常情况下幼儿园的午休时间在2个小时左右，所以有限的墙面会更多地用来支持教育教学活动。但是教寝合一的班级需要为活动室的窗户配上遮光性比较好的窗帘，如果能选择与睡眠有关的卡通图案的窗帘就更好了，如一只打着呼噜的小狗等。到午睡环节，教师拉上窗帘，窗户就成了另外的"一面墙"，暗下来的光线和温馨的图案会为幼儿的午睡提供一个"暗示"，从而帮助幼儿尽快入睡。

（二）睡眠区的设计与布置

睡眠区基本以床铺的摆放为主，睡眠区的设计与布置最重要的是体现科学性，便于幼儿起居、教师巡视和清洁。

因为年幼，幼儿的膀胱发育得还不完善，在午睡时经常会发生尿急的情况，所以床铺的间距便于幼儿行动十分重要。如何判断床铺的摆放是否方便幼儿的行动呢？有一个很简单的方法，就是教师蹲下来，在床铺间走动、感受和检视一下，重点关注距离是否便于幼儿穿脱衣服，同时要特别关注通往厕所方向的线路是否畅通。

教师在午睡时间的巡视不仅能够保证幼儿的午睡，同时也能及时发现幼儿的健康变化以及排除安全隐患。在2小时的午睡时间内，教师要在床铺间来回巡视，所以床铺的摆放位置对教师的行动同样很重要，以教师能够走到每一个幼儿的床铺前，便于对幼儿午睡的管理为宜。

教师在睡眠室放置的座椅同样需要检视，要考虑当教师坐下来的时候，视线能否环顾到全体幼儿。

1. 独立睡眠室的设计与布置

一般情况下，拥有独立睡眠室的班级的床铺都是固定在地面上不动的，床铺不需要搬来搬去（图5-24），除了上文讲过的要精心设计床铺的摆放位置以外，还要更多地思考如何利用相对宽裕的面积培养幼儿的生活自理能力。

图5-24

请每位幼儿带一张照片，教师将照片贴在床头，帮助幼儿辨识自己的床位，同时可以避免因为特殊情况临时更换教师而引起的不必要的混乱。

第五章 班级生活区域环境创设

在地面以图示法标注出椅子（主要用来摆放幼儿脱下来的衣服，以及方便幼儿穿脱鞋子）摆放的位置和鞋子摆放的位置，使幼儿摆放的物品一目了然，不会发生频繁寻找物品的情况。

2. 教寝合一睡眠室的设计与布置

采用教寝合一的睡眠室的班级通常都是因为面积有限，所以床铺处于移动的状态，床铺需要在平时叠放起来，在午睡时铺开，这对教师的工作提出了更大的挑战。

叠放起来的床铺要放置在相对隐蔽的地方，不能影响幼儿教育教学的正常活动。有条件的幼儿园可以通过悬挂布帘或图画的方式进行美化。

因为床铺每天铺开、收起，为了确保预先设计好的科学的床铺行间距，建议以图示法在活动室地面用彩色不干胶以点的方式定位，贴纸只用一种颜色即可，从而保证整体感。

同样需要请每位幼儿带一张照片，教师将照片贴在床头，帮助幼儿辨识自己的床位，也可以避免因为特殊情况临时更换教师而引起的不必要的混乱。

四、进餐区的环境创设指导

均衡营养的膳食能够满足幼儿成长发育的需要，而进餐环节是保证幼儿摄入营养、均衡膳食的重要环节。在一日活动中，幼儿对水分的摄入也同样重要，尤其在春季和夏季，幼儿饮水的需求会明显增强。幼儿园的进餐区通常分为三个部分：饮水区、备餐区和用餐区。

（一）饮水区的设计与布置

饮水区是幼儿取、用水的区域，也是幼儿容易发生冲突的区域。因为需要排队取水，所以在等候中的幼儿通常会因为无事可做而互相推搡，从而引发冲突。同时，夏季气温炎热，幼儿皮肤裸露部分增加，在饮水环节，如果没有秩序，也容易引发安全事故。

1. 饮水区墙面的设计与布置

饮水区的墙面可以张贴有趣的卡通图案，激发幼儿喝水的愿望，或者对幼儿进行有关的教育。图案的内容可以是提醒幼儿喝水、节约用水的，也可以是关于饮水规则的，如提醒幼儿排队、取适量的水等。如图 5-25~图 5-27 所示。

图 5-25

图 5-26

图 5-27

如果墙面狭小,保温桶桶身也可以进行卡通化的装饰。

饮水区的地面可以通过图示法对幼儿进行有序排队的提醒。

通过一些设计,帮助幼儿学习统计自己喝水的次数。如图 5-28~图 5-31 所示。

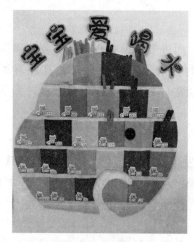

图 5-28

图 5-29

图 5-30

图 5-31

2. 饮水区设施设备的设计与布置

大多数幼儿园的饮水区提供的都是保温桶，少数幼儿园用饮水机提供直饮水。饮水机的优点是能保持安全的水温，避免发生烫伤事故，但是需要注意的是饮水机的滤芯要定期更换。

使用保温桶的班级，如果保温桶放置在台面上，则需要在出水口下方放一个托盘；如果保温桶放置在架子上，则需要在出水口下方放一个水桶。这是因为每个幼儿对水龙头开关的控制不同，在轮流接水时，会不小心有水泼洒或者溢出，如果没有托盘和水桶，水流到地面上，有可能造成幼儿滑倒。如图 5-32 所示。

图 5-32

饮水区有口杯柜，口杯柜的位置应靠近保温桶，便于幼儿取放。

每个幼儿都有自己的饮水杯，请幼儿带一张照片，教师给张贴在对应的位置上，以帮助幼儿识别。中、大班幼儿可以采用图案即时贴、名帖或者自画像。

一般幼儿园饭后要求幼儿漱口，这时幼儿通常会使用自己的饮水杯。有的幼儿园会安排幼儿饭后刷牙，这就需要提供刷牙杯和牙具，刷牙的用具可以和饮水杯一起放在口杯柜中。如图 5-33 所示。

图 5-33

（二）备餐区的设计与布置

备餐区尽管叫作"区"，但实际上在幼儿园班级里通常会用一张桌子或者一块台面来代替。备餐区一般面积较小，但是作用很大，因为它直接影响进餐环节的组织和进行。

1. 备餐区墙面的设计与布置

备餐区的墙面范围基本上就是备餐桌或者备餐台所对应的墙面，面积虽小，但是要充分地利用也是需要精心设计的。

墙面上可以张贴和食物有关的卡通图案，如大口吃饭的小猪、各种各样美味的食物，以激发幼儿的食欲。

墙面的食物和食材的图片可以设计成能够替换的，在开展餐前"食谱播报"活动时，作为"主播"的幼儿能够根据当天的食谱进行图片替换，使得墙面有操作性和变化。

如果班级里有对食物过敏的幼儿或者肥胖儿，可以将相关资料张贴在备餐区以示提醒，确保幼儿的用餐安全和膳食科学，如图5-34、图5-35所示。

图 5-34

图 5-35

2. 备餐区设施设备的设计与布置

备餐台通常用来放置幼儿的食物和餐具。

如何科学地放置饭盒、菜盆和汤桶，需要教师根据备餐台的面积进行合理规划，规划的基本原则是方便教师开餐。有的班级采用大班幼儿半自助打餐的方式，如幼儿根据自己的饭量各自盛饭，还需要考虑幼儿的身高和安全问题（图5-36）。规划完成以后，可以通过图示法在备餐台上定点定位，避免不同的教师随意放置产生混乱，甚至留下安全隐患。

图 5-36

餐具的放置同样需要事先规划，餐具包括饭碗、菜碗、勺子或者筷子，基本原则是便于幼儿取放，在确定位置以后用图示法固定位置，如图5-37~图5-39所示。

图5-37

图5-38

图5-39

幼儿用餐完毕后，使用完的餐巾如果需要放置在用餐台上，则还需要安排一个放置使用后的餐巾的位置（图5-40）。当然，也可以请幼儿将使用后的餐巾直接送到盥洗室。

图5-40

（三）用餐区的设计与布置

幼儿的用餐区基本固定在自己的位置上。少数幼儿园在幼儿用餐的时候会调整桌椅的摆放位置，但绝大多数幼儿园是保持基本位置不变。用餐区设计与布置的基本原则是尽可能地使用餐环节更加流畅，既方便幼儿用餐，又方便教师巡视和帮助能力弱的幼儿。

1. 用餐区桌面的设计与布置

用餐时，幼儿的桌面上会摆放餐巾盘（给每人放置一块餐巾）、骨渣盘、饭碗和菜碗（每人一份），吃早点时有干点盘（用来盛放馒头、包子等），吃间点时会使用间点盘（用来盛放饼干等小点心）。因为桌面面积有限，所以需要教师做好规划设计。我们经常会看到幼儿将盘子和碗拉来扯去，都试图往靠近自己的地方放，结果引发很多纠纷，不仅造成了教师重复的管理和说教，而且在炎热的夏季，比较热的食物因为拉扯打翻，还可能引发烫伤事故。为了避免上述情况的产生，需要用图示法对上述物品进行定位定点（图 5-41）。

图 5-41

2. 用餐区设施设备的设计与布置

用餐时调整桌椅摆放位置的优点是能优化活动室空间，使用餐环节更加流畅。如果需要调整桌椅的摆放位置，则需要在做好规划后用图示法将位置点标示出来。

共用的餐巾盘、骨渣盘、早点盘和间点盘（一组幼儿的干点可以集中放在一个盘子里）应该放在桌面的中央区域（图 5-42）。

图 5-42

幼儿独立使用的饭碗和菜碗则需要靠近自己的座位,这样有集中、有分散,就能使用餐环节更加流畅。

第三节　班级生活区域环境创设案例与分析

案例一

年轻的张老师遇到一个很头疼的问题,就是每次幼儿上厕所的时候都会把手纸扯得乱七八糟。如果幼儿大便,有的幼儿会把手纸拉得很长很长,拖得到处都是;还有的幼儿手纸扯得不够,不停地喊老师去给他送纸。如果幼儿小便,也会有少数幼儿把手纸拉得很长,导致其他的幼儿到张老师这里来告状,说他不节约用纸。虽然张老师不停地告诉幼儿要用多少纸,可是这种情况每天都在重复发生。这虽然是一件很小的事情,可是每天都发生,而且发生的频率很高,需要张老师进行处理,这让张老师感到很苦恼。

分析:

幼儿因为生活经验不足,所以对使用手纸的量并没有什么概念,尽管张老师多次强调要节约用纸、适量取纸,可是幼儿对这种抽象的指导无法领会,尤其是小班的幼儿,这种情况会更加突出;另外,中、大班有少数幼儿怀着游戏的心理也会拉扯手纸玩。因为幼儿以具体形象思维为主,如果教师给出具体的标准,让幼儿"有章可循",就有利于幼儿互相提醒,所以这个问题可以用图示法来解决:

如果是一包一包的手纸,教师可事先将手纸裁剪成合适的尺寸,然后在放手纸的地方用图示标示出,如小便1张、大便3张。注意大便和小便都使用卡通图案表示,这样会很有童趣。

如果是卷筒纸,教师同样可以用图示法,在悬挂卷筒纸的墙面上用不同长度的线段标示出卡通图案的大便和小便所需要的纸量,这样相当于给幼儿提供一个"标尺",只要幼儿照着标尺取纸就可以了(图5-43)。

图 5-43

案例二

一群小班的幼儿在盥洗室洗手,有些幼儿已经洗完了,还有些幼儿仍然在洗手,教师组织洗完了手的幼儿在盥洗室外面排队,可是幼儿你推我挤,场面十分混乱,甚至有一位幼儿被同伴无意中推倒在地,差点被其他的幼儿踩到。同时,教师还要兼顾没有洗完手的幼儿。没有洗完手的幼儿也在盥洗室里你推我挤,弄得到处都是水,教师不停地发出指令:"排队!排队!不要玩水了!不要玩水了!"可是幼儿依然我行我素,教师显得非常焦虑。请问如何帮助这位教师解决这个问题呢?

分析:

小班幼儿自我管理能力较弱,需要教师经常提醒和指导。幼儿在盥洗室外不听从教师的指令,是因为无所适从,不知道该在哪里排队,所以除了语言提示外,教师还可以通过环境创设来对幼儿进行提醒和暗示。

(1)教师在盥洗室外的走廊的地面上用不干胶贴上站位点标识,这样先洗完手的幼儿可以在这里的站位点排队。

(2)教师根据盥洗台的长度,在相应的地面同样用不干胶贴上站位点标识,避免幼儿因拥挤造成洗手环节的混乱。

(3)站位点的图案应该选择有趣的卡通图案,这样会显得富有童趣。

案例三

午睡时间,小一班的幼儿睡得正香,突然东东醒了,带着哭腔喊着:"老师,我要撒尿!"李老师连忙走过来,东东也从床上爬了下来,可是怎么也不找不到自己的鞋子,等李老师从床底帮他找出鞋子,因为鞋帮很高,东东一时着急怎么也穿不进去,李老师帮他穿也急出了一头汗。东东憋不住了,鞋也没穿好,就踩着鞋帮一颠一颠地往厕所跑去,因为鞋子没穿好,怎么也跑不快,结果没到厕所门口就尿裤子了,包括鞋子都尿湿了。经过这么一番折腾,小一班的幼儿全醒了,寝室里顿时乱糟糟的。下午离园时,东东妈妈来接东东,知道了事情的经过,非常不高兴,觉得李老师没有护理好孩子,李老师也感到很委屈。

分析:

小班幼儿尿道的括约肌发育尚不完善,一般幼儿感到有尿意时,就已经很"紧急"了。由于小一班教师对幼儿午睡时鞋子的摆放没有做出具体的规定和要求,幼儿的鞋子乱放,或者无意中被同伴踢到床底下,在尿意急迫的情况下都会造成混乱。如果幼儿穿的是高帮的靴子或者旅游鞋,在紧急情况下不易穿好,拖着鞋子去厕所,不仅影响行动,还可能摔跤,造成事故。李老师可以采取以下做法:

(1)用图示法定位,给出幼儿固定摆放鞋子的位置。幼儿入睡后,教师在巡床时逐一检查,对没有摆放好的鞋子及时进行调整,以便幼儿需要时能快速找到鞋子。如图5-44所示。

（2）教师可以在整理区提供换鞋的地方，请家长给幼儿带一双拖鞋来。幼儿午睡前先到整理区换上拖鞋，上床时将拖鞋在床前规定的位置摆放好，这样就能在需要紧急如厕时穿着拖鞋上厕所了。

图 5-44

案例四

香喷喷的午饭来了！大二班的幼儿正在轮流端饭，第一组的琪琪端着热腾腾的饭菜小心翼翼地往座位走去，这时第二组的幼儿也来端饭了。"啪嗒"一声，琪琪的饭被迎面走来的乐乐给撞翻了，幸亏琪琪敏捷地躲开了，要不然饭菜很可能会烫到琪琪。地上又是饭，又是菜，还有菜汤，一片狼藉。高老师立刻拿着清洁工具走过来进行打扫，同时提醒幼儿绕过这片"雷区"，避免踩到滑倒。刚把这里打扫完，第三组端饭的时候，同时从座位上出发的天天和波波一不小心撞了个满怀，两个人的头撞在了一起，幸亏没有大碍。高老师百思不得其解，明明要求幼儿轮流来端饭，幼儿也是这么做的，为什么吃个饭还状况不断呢？

高老师就午饭时发生的问题组织大一班的幼儿进行了讨论。

高老师："今天吃饭时为什么会发生这样的问题？"

乐乐："琪琪端着碗走路光看着碗，没看路。"

琪琪："你没端碗，你为什么不看路呢？"

乐乐："我迎面走过来，地方太小了，我没地方让你了。"

天天："我们第三组的小朋友一起去端饭，可是波波非要走近路，所以把我的头给撞疼了。"

波波："老师又没有规定怎么走，我想怎么走就怎么走！"

高老师："大家说的都有道理，可是如果每天都发生这样的事情，既不愉快，又有危险，活动室只有这么大，我们班有这么多小朋友，大家说该怎么办呢？"

于是，大家你一言我一语地发表自己的意见，高老师将大家的意见整理了出来。

分析：

大班的幼儿有一定的自我管理能力，也愿意积极参与班级事务的讨论与管理。我们可以邀请幼儿就需要解决的问题进行讨论并商量出解决办法，因为由幼儿自己参与制定的规则，幼儿的执行度更高。

大一班幼儿的讨论结果如下：

必须轮流去端饭。

必须制定线路图，大家只能朝一个方向走，不能面对面地走。

不管坐在哪里，都必须按照线路图走，哪怕要走远路。

高老师请幼儿商讨线路图应该如何制定，大家提出了好几种方案，并且都试着走了一下，然后选择了一个大家都同意的方案。

最后，大家一起用彩色不干胶画了箭头贴在地面上，将线路图标示了出来，而且大家会互相提醒、监督。自此之后，大一班的进餐区再也没有发生"事故"了。

综上所述，班级生活区域的四大区——整理区、盥洗室、睡眠室和进餐区的设立是必不可少的，它是幼儿健康成长的重要保障，也蕴含很多的教育价值。班级生活区域环境创设的基本原则是：科学性、教育性、可操作性和儿童化。我们在教育实践中可以观察到，因为幼儿具有具体形象思维的特点，所以在生活区域的环境创设中，用图示法来定点定位是采用得最多，也是最有效的方法。

课后练习

1. 幼儿园创设生活区域的主要意义是什么？
2. 整理区、盥洗室、睡眠室和用餐区能让幼儿获得哪些能力的发展？
3. 请你自选一个生活区域，做出你的环境创设计划，并说说你的理由。

下 篇
幼儿园公共环境创设

第六章 幼儿园室外公共环境创设

学习目标

1. 了解幼儿园选址及园舍建筑要求、室外公共环境区域划分和环境创设指导策略。
2. 有初步的安全意识。
3. 为幼儿园室外公共环境创设添加辅助材料并学会使用，尝试通过室外公共环境的创设诠释园所文化。

案例导入

走进幼儿园，这里铺青叠翠，到处都是快乐玩耍的孩子们。在办园理念的指导下，我们在户外创设了快乐农庄、树屋、幼儿篮球场、足球场、快乐涂鸦、攀爬墙等融生活与游戏于一体、使教育和人文景观相结合的室外公共环境，将"春的萌芽、夏的热烈、秋的灿烂、冬的静美"一一拾取。

正值春暖花开、万物生长之际，孩子们在户外活动时，对大自然中的各种自然现象感到好奇：种子为什么只在春天发芽？花为什么有不同的颜色？由此产生了一系列关于"春"的话题。

幼儿园室外公共环境的创设应满足幼儿健康成长、好动爱玩，以及对大自然的好奇探索等需求。教师要思考：如何依托环境让幼儿在"玩中学、做中学、生活中学、游戏中学"？如何让户外自主游戏更具有教育价值？

第六章　幼儿园室外公共环境创设

第一节　室外公共环境创设的整体布局规划

幼儿园室外公共环境指的是幼儿园基本建筑以外的场地、空间、材料、设施、设备等，根据其功能可以划分为景观区、休闲区、游戏区、运动区等。[①]

室外公共环境对幼儿具有特殊的意义，它是幼儿在园内能接触到大自然的为数不多的地方，幼儿在充满阳光、新鲜空气和雨水的环境中锻炼身心，享受童年时光。

室外公共环境也是幼儿相对自由的地方，他们可以在大型器械上钻爬攀登，在草坪上来回奔跑，在沙地上忙碌堆砌，把各种物品从东边运到西边……周而复始，乐此不疲。

一、幼儿园园舍选址要求

许多幼儿园受用地面积、资金、理念等方面的影响，园舍选址和建筑并不理想，比如在工业区、商业区、改扩建区等。随着我国城镇化的推进，新建小区基本上都会有配套的幼儿园，园舍符合卫生和安全要求才可以开办幼儿园。

（一）周边环境要求

1. 自然环境——"优"

（1）幼儿园不能建在工业污染区和废气排放严重的地方，要远离污染源。

幼儿抵抗力较差，容易患呼吸道感染等疾病，所以幼儿园周围不能存在有害气体，更不能在排放大量有害气体的工厂附近，要远离污染源。

（2）幼儿园要远离机场、大型工地、大型娱乐场等噪声污染严重的地方。

幼儿的听觉感官容易受损，无休止的噪声容易让幼儿受到伤害，所以施工的工地、大型娱乐场所、机场周边等都不适宜开办幼儿园。

（3）园舍周围没有大型建筑物遮挡阳光，室外日照时间长。

园舍不应是陈旧和阴暗的，所有的教室都应尽可能地有窗户（最好向南），因为昏暗的光线会影响孩子的学习和活动，容易使幼儿产生紧张和压迫感。周围布满高层建筑的地方不适宜建幼儿园。

（4）园舍室内外保持空气流通，没有装修异味，环保检测合格。

幼儿园的楼层一般不超过三层，室内要保持空气流通，如果没有窗户，要考虑幼儿园的通风问题并安装空调。幼儿所处房间的空气应该保持新鲜，没有装修异味。

（5）园内绿化面积不能低于占地面积的25%，绿化覆盖率不低于50%。

幼儿园内外绿化效果好有利于幼儿身心舒畅地学习和玩耍。园内绿化面积最好不低于用地面积的25%，绿化覆盖率不低于50%。要有足够的户外活动场地，建筑物的内外布置要体现美化、儿童化和教育化。

[①] 冯芳. 幼儿园环境创设［M］. 北京：北京师范大学出版社，2015.

2. 安全隐患——"无"

（1）幼儿园周边建筑物，绿化，水、电、天然气等设施设备无安全隐患。

幼儿园的安全性在很大程度上取决于周围环境的安全性，幼儿园附近不能有生产、储藏易燃易爆物品的车间、库房；与城镇干道或公路之间的距离不应少于80 m；园门不宜直接开向城镇干道或机动车流量每小时超过300辆的道路；园门前庭应留出一定的缓冲距离（以80~100 m为宜）；园区内不得有架空的高压输电线路穿越。

（2）幼儿园周边交通设施良好，道路通畅，无交通安全隐患。

幼儿园便利的交通可以为家长的接送孩子带来很大的方便，反之则容易影响家长和幼儿每天出入的情绪，影响身心健康。幼儿园正门一定范围内禁止停车，幼儿园附近的车行道和人行道应有序通行。

（3）社区秩序良好，管理规范。

幼儿园应选择在人口集中的社区开办，保证社区治安良好，应避免设在偏僻的地方或周围有破败楼房的地区，不能与公共娱乐场所、医院太平间、火葬场等不利于幼儿身心健康的场所毗邻。

（二）建设用地要求

2010年由中华人民共和国住建部批准、教育部组织编写的《幼儿园建设标准（征求意见稿）》第三章第十八条指出：幼儿园建设用地包括园舍建筑用地、室外共用游戏场地、集中绿化用地。

1. 园舍建筑用地

（1）园舍建筑用地包括建筑物、构筑物基底占地面积，园内道路及广场，建筑物周围通道，房前屋后的零星绿地和分班游戏场地等。分班游戏场地生均 $2m^2$。

（2）幼儿园建设用地应按容积率计算（即建筑面积与建设用地面积之比）。幼儿园容积率不宜大于0.65。

2. 室外共用游戏场地生均 $2m^2$

3. 集中绿化用地

集中绿化用地包括校园专用绿地和自然生物园地，生均不应低于 $2m^2$。

（三）园舍建筑要求

2016年3月1日，教育部颁发新的《幼儿园工作规程》，其中对幼儿园园舍安全有如下规定：

第十三条：幼儿园的园舍应当符合国家和地方的建设标准，以及相关安全、卫生等方面的规范，定期检查维护，保障安全。幼儿园不得设置在污染区和危险区，不得使用危房。幼儿园的设备设施、装修装饰材料、用品用具和玩教具材料等，应当符合国家相关的安全质量标准和环保要求。入园幼儿应当由监护人或者其委托的成年人接送。[1]

按消防要求，幼儿园的过道必须有足够的净宽度，单面走廊不小于1.80m宽，中内廊不小于2.40m宽。如在过道上放置活动器具，不得影响走廊净宽度。[2]

---

[1] 中华人民共和国教育部. 幼儿园工作规程. 2016.
[2] 《武汉市幼儿园装备规范（试行）的使用说明》第2.1.2条.

第六章 幼儿园室外公共环境创设

1. 合格的建筑和消防设施

房屋安全鉴定主要是房屋危险性级别鉴定，由第三方鉴定机构来做，有效期一年。小区配建的幼儿园在整体交付使用的时候，房屋安全鉴定和消防鉴定一般是符合标准和要求的。改扩建的幼儿园必须重新进行房屋安全和消防鉴定，通过鉴定才能使用，没有达到合格标准的必须马上整改，杜绝安全隐患。

我国颁布的《托儿所、幼儿园建筑设计规范》中规定："托儿所、幼儿园应根据设计任务书的要求对建筑物、室外游戏场所、绿化用地及杂物院等进行总体布置，做到功能区分合理，方便管理，朝向适宜，游戏场地日照充足，创造符合幼儿生理、心理特点的环境空间。"

2. 合理的功能分区

幼儿园园舍可以划分为主体建筑和辅助性建筑，主体建筑（教学楼）一般不超过三层，辅助性建筑包括园门、门卫室、宣传栏、户外园林建筑、自行车棚、升旗台、卫生间等。

参照《湖北省幼儿园办园水平认定标准》，幼儿园室内基本用房包括：班级活动用房（寝室、活动室、洗手间、厕所、隔离室、储藏室），厨房（主副食加工间、配餐间、食品仓库、消毒间、炊事员更衣室、煤气房等），保健室和隔离室、办公用房（园长办公室、教师办公室、财会室、安保室、成人卫生间），多功能室（图书室、音乐室、美工室、科技室等），教师用房（会议室、教具资料室、储藏室、档案室、电子备课室等）。

二、室外公共环境区域划分

（一）景观区

亭台、厅廊、水池、花坛、座椅、雕塑、微地形……幼儿园里的这些景观和公园里的景观不同，应该是根据办园理念、品牌识别系统来设计建造的，不能是简单的堆砌和增减，力求画龙点睛，提升环境文化品位。

1. 自然景观

自然景观包括园林建筑、绿化、花鸟虫鱼等内容。园林建筑的风格有中式、西式、花园式、农田式、苏州园林式等多种，可以根据办园理念选择一种与之相符合的景观设计方案。如图6-1、图6-2所示。

图6-1

图6-2

幼儿园里的植物应该是"春有桃李争百花，夏有荷莲伴蛙鸣，秋来藤菊摘瓜果，冬日银杏树常青"，春夏秋冬的美景都应该收在幼儿园的自然景观里，并充分利用植物的形、色、味进行合理的搭配。生态环境好了，花鸟虫鱼自然会融入美景之中。

2. 人文景观

有历史、有故事的幼儿园应该充分挖掘人文素材，在自然景观中融入人文景观，比如文化遗址、微缩景观、雕塑、喷泉、壁画等，应至少有一处能够代表幼儿园的文化。景观池最好以干净的水源为主，有循环和过滤设施，还可以设计喷泉或者人工瀑布。

自然环境与幼儿发展关系密切，可以让幼儿充分接触自然元素，体验自然环境，并以不同的方式与幼儿产生交互作用。

武汉市实验幼儿园的升旗台以十二生肖的拴马桩为主要背景，其寓意是不管岁月如何流逝，中华传统文化是生生不息的，尊重传统文化就是尊重我们的国家。

图 6-3

（二）休闲区

休闲区的设置应充分体现幼儿园的人文关怀，座椅应设置在幼儿园的最佳休息处，可以与亭、廊结合，可以在大树下、水池边，但不能影响行走（图6-4）。除了休闲长椅，户外还可以有小圆桌和移动座椅，方便交谈。

有条件的幼儿园可以设置户外直饮水区，方便幼儿和家长在户外饮水。户外盥洗池可设置在沙水池、种植园地、户外画廊附近，以便幼儿活动后及时洗手（图6-5）。

图 6-4

图 6-5

休闲区还可以和幼儿园宣传栏结合起来,如电子屏、海报等,宣传幼儿园的理念、活动等,并定期更换。

(三)游戏区

1. 角色游戏区

可以根据幼儿园办园理念和场地设置户外角色游戏区,如:某省公安厅幼儿园在园内规划了小型的道路交通游戏区,有小号的信号灯、人行横道、交通标志等,模拟真实马路场景;某省实验幼儿园崇尚农耕文化,幼儿全副装扮在农田里耕种、浇水、采摘等,体验耕种收获的乐趣;某幼儿园在操场的一隅设置了小型的商业街,有各式商亭,定期进行真实的买卖游戏;某幼儿园在户外建构材料中添加了锅碗瓢盆,幼儿自然就开始了"过家家"的角色游戏。此外,还可设置红绿灯游戏区(图6-6)、游艇码头游戏区(图6-7)等。

图 6-6

图 6-7

2. 野趣游戏区

野趣游戏区是指富有野趣的自然游戏场所。近年来,越来越多的幼儿园向安吉游戏学习,在户外设置各种野趣游戏区,如丛林探险等,让幼儿自由、自主地游戏。在野趣游戏区,投放的大多是自然材料,如木桩、木块、竹梯、沙石、绳等,幼儿凭借自身想象创造性地游戏。比如搭建房屋或灶台、挖战壕、建造城堡等。如图6-8、图6-9所示。

图 6-8

图 6-9

3. 种植养殖区

许多幼儿园都设有大型的种植区，比如菜园、果园、花园，幼儿可以亲身参与播种、浇水和收获的全过程，阳台和室内也可以设置种植养殖区（图6-10、图6-11）。由于疾病防控的要求，幼儿园内的养殖区越来越少，一些原来常见的兔子、禽鸟等都难以看见了，只剩乌龟、金鱼、热带鱼等。在比较安全的时候，可以让幼儿把家中养的小动物带到幼儿园给其他小朋友看看，比如说兔子、鸟、刺猬、小仓鼠、昆虫等。

图6-10

图6-11

（四）运动区

1. 大型器械区

滑梯等大型游戏器械是幼儿园的重要标志，也是孩子们喜欢上幼儿园的重要原因。固定的游戏器械活动场地是幼儿园户外环境中的重要组成部分，有单一功能和多功能之分。

常用大型器械的材料一般是石材、木材、工程塑料、玻璃钢等，辅件有卡通造型、塑料绳、麻绳、网、滑轮、吊环、金属安全扣、软塑料或海绵保护设施等。

1）固定小型单一功能运动器械

固定小型单一功能的运动器械有攀登架、滑梯、秋千、踩水车、钻圈、平衡木等（图6-12）。运动器械的安全性能应该放在第一位，高度、夹角、垂直距离、缝隙等都应该符合2~6岁儿童游乐的需求。

图6-12

2）固定大型多功能组合运动器械

固定大型多功能组合运动器械是指含有 3~4 种功能的器械（图 6-13、图 6-14）。固定大型多功能组合运动器械应该可以满足一个班级的幼儿（20~30 人）同时游乐的需求，并且不是都集中在一个项目上。应尽量避免全封闭的滑梯和通道。

图 6-13

图 6-14

2. 自主运动区

自主运动区是指面向全体幼儿，根据他们动作的发展需要、兴趣爱好和器械材料的不同特点，在户外设置的运动区，可以让幼儿按自己的意愿选择内容和器械，自由地摆放器械，自主结伴，自由地进行身体运动（图 6-15）。①

图 6-15

1）可移动小型器械

可移动小型器械是指几个幼儿就可以搬动的小型器械，如足球门、篮球架、竹梯、长凳、平衡木、海绵垫、轮胎（图 6-16）、滑板（图 6-17）等。

---

① 范莲华，包敏. 幼儿园户外自主性运动区域的环境创设［J］. 幼儿教育研究，2016（6）：7.

图 6-16

图 6-17

2）运动玩具

运动玩具是指球、车、绳、棒、圈等可以玩耍和进行幼儿体操项目的轻器械，包括教师和家长自制的运动玩具。

球：小皮球、羊角球、特大球、跳跳球、小篮球、小足球、小排球、板羽球、乒乓球等。

车：三轮车、滑板车、扭扭车、方形滑板车、小推车、三轮跑冰车、两轮跑冰车、自行车、健身车、踩踏车等。

自制运动玩具：降落伞、飞盘、高跷、拖拉玩具、沙包等。

3. 运动项目区

有条件的幼儿园可以设置专用运动场地，如幼儿篮球场、足球场（图6-18）、高尔夫球场、游泳池等，但场地的大小要符合幼儿的运动特点。

图 6-18

三、室外公共环境创设的依据

（一）国家标准

1.《幼儿园建设标准》[①]

2016年4月20日，中华人民共和国住房和城乡建设部发布关于行业标准《托儿所、幼儿园建筑设计规范》的公告，批准《托儿所、幼儿园建筑设计规范》为行业标准，编号为JGJ 39-2016，自2016年11月1日起实施。其中，第3.2.8、4.1.3、4.1.9、4.1.12、6.3.3条为强制性条款，必须严格执行，原《托儿所、幼儿园建筑设计规范》JGJ 39-87同时废止。

2016年12月，教育部发布关于贯彻执行《幼儿园建设标准》的通知。

《托儿所、幼儿园建筑设计规范》中的强制性条款如下：

3.2.8 托儿所、幼儿园的幼儿生活用房应布置在当地最好朝向，冬至日底层满窗日照不应小于3h。

4.1.3 托儿所、幼儿园中的幼儿生活用房不应设置在地下室或半地下室，且不应布置在四层及以上；托儿所部分应布置在一层。

4.1.9 托儿所、幼儿园的外廊、室内回廊、内天井、阳台、上人屋面、平台、看台及室外楼梯等临空处应设置防护栏杆，栏杆应以坚固、耐久的材料制作，防护栏杆水平承载能力应符合GB 50009《建筑结构荷载规范》的规定。防护栏杆的高度应从地面计算，且净高不应小于1.10m。防护栏杆必须采用防止幼儿攀登和穿过的构造，当采用垂直杆件做栏杆时，其杆件净距离不应大于0.11m。

4.1.12 幼儿使用的楼梯，当楼梯井净宽度大于0.11m时，必须采取防止幼儿攀滑措施。楼梯栏杆应采取不易攀爬的构造，当采用垂直杆件做栏杆时，其杆件净距不应大于0.11m。

6.3.3 托儿所、幼儿园的紫外线杀菌灯的控制装置应单独设置，并应采取防误开措施。

2.《民用建筑设计通则》

2005年5月9日，中华人民共和国住房和城乡建设部发布第327号关于国家标准《民用建筑设计通则》的公告。

《民用建筑设计通则》中的部分条款如下：

3.4.1 建筑与环境的关系应符合下列要求：[②]

（1）建筑基地应选择在无地质灾害或洪水淹没等危险的安全地段；

（2）建筑总体布局应结合当地的自然与地理环境特征，不应破坏自然生态环境；

（3）建筑物周围应具有能获得日照、天然采光、自然通风等的卫生条件；

（4）建筑物周围环境的空气、土壤、水体等不应构成对人体的危害，确保卫生安全的环境；

（5）对建筑物使用过程中产生的垃圾、废气、废水等废弃物应进行处理，并应对噪声、眩光等进行有效的控制，不应引起公害；

---

① https://sanwen8.cn/p/5dcj2Tz.html

② http://blog.renren.com/share/223071991/13877888837/5

（6）建筑整体造型与色彩处理应与周围环境协调；

（7）建筑基地应做绿化、美化环境设计，完善室外环境设施。

5.1.2 建筑布局应符合下列规定：①

（1）建筑间距应符合防火规范要求；

（2）建筑间距应满足建筑用房天然采光（本通则第7章7.1节采光）的要求，并应防止视线干扰；

（3）有日照要求的建筑应符合本节第5.1.3条建筑日照标准的要求，并应执行当地城市规划行政主管部门制定的相应的建筑间距规定；

（4）对有地震等自然灾害地区，建筑布局应符合有关安全标准的规定；

（5）建筑布局应使建筑基地内的人流、车流与物流合理分流，防止干扰，并有利于消防、停车和人员集散；

（6）建筑布局应根据地域气候特征，防止和抵御寒冷、暑热、疾风、暴雨、积雪和沙尘等灾害侵袭，并应利用自然气流组织好通风，防止不良小气候产生；

（7）根据噪声源的位置、方向和强度，应在建筑功能分区、道路布置、建筑朝向、距离以及地形、绿化和建筑物的屏障作用等方面采取综合措施，以防止或减少环境噪声；

（8）建筑物与各种污染源的卫生距离，应符合有关卫生标准的规定。

5.1.3 建筑日照标准应符合下列要求：

（1）每套住宅至少应有一个居住空间获得日照，该日照标准应符合现行国家标准 GB 50180《城市居住区规划设计规范》有关规定；

（2）宿舍半数以上的居室，应能获得同住宅居住空间相等的日照标准；

（3）托儿所、幼儿园的主要生活用房，应能获得冬至日不小于 3h 的日照标准；

（4）老年人住宅、残疾人住宅的卧室、起居室，医院、疗养院半数以上的病房和疗养室，中小学半数以上的教室应能获得冬至日不小于 2h 的日照标准。

3.《城市幼儿园建筑面积定额（试行）》②

第十二条 室外活动场地，包括分班活动场地和共用活动场地两部分。分班活动场地每生 $2m^2$；共用活动场地包括设置大型活动器械、嬉水池、沙坑以及 30m 长的直跑道等，每生 $2m^2$。

第十三条 绿化用地每生不小于 $2m^2$，有条件的幼儿园要结合活动场地铺设草坪，尽量扩大绿化面积。

4.《幼儿园教玩具配备目录》③

1992年，国家教育委员会在1986年颁布的《幼儿园教玩具配备目录》基础上修订颁布了新的《幼儿园教玩具配备目录》。

本目录的教玩具分为体育器械、角色游戏、结构游戏、沙水、计算、美工、音乐、语言常识，劳动工具及活动室专用设备等十类。配备数量是按一所园大、中、小三个班的规

---

① http://blog.renren.com/share/223071991/13877888837/7
② http://www.fangce.cn/show-124-288023.html
③ http://www.moe.edu.cn/publicfiles/business/htmlfiles/moe/s3326/201001/xxgk_82002.html

模计算最基本的用量,其中带"☆"号者是选配教玩具,各地幼儿园可按比例增减配备数量和适当选购。

目录中的参考价格只供编制计划时使用,不是产品的现行价格。鉴于幼儿园教玩具的多样性,目录所列规格亦为基本规格,在此基础上可变化多种规格。

本目录是国家教育委员会委托教学仪器研究所编制的。

(二)地区标准

1. 各省、自治区、直辖市颁布的《幼儿园示范园标准》对幼儿园室外公共环境、园舍建筑、绿化、消防等都做了具体的规定

湖北省教育厅、湖北省人民政府教育督导室2016年7月颁布的《湖北省幼儿园办园水平认定标准》"A1办园资质与办园条件——B2园舍状况——C3选址布局"是这样规定的:

(1)园舍独立,无D级危房。(2分)

(2)园舍与户外活动场地布局合理、科学实用,园舍通风、采光良好,空气中甲醛含量检测合格。(2分)

(3)周边无污染、无重大安全隐患。(1分)

2. 各省、自治区、直辖市教育部门颁布的《幼儿园教玩具配备目录》对幼儿园教玩具及设施设备都有具体的数量和质量的规定

如:2014年武汉市教育局基建维修管理处、武汉市教学条件技术装备处颁布的《武汉市幼儿园保教设施设备标准》《武汉市幼儿园装备规范(试行)》。

(备注:本章第三节和第四节有该文件具体条款)

四、室外公共环境创设指导

(一)人工与自然结合的策略

大多数幼儿园的室外公共环境都是根据使用要求来"人工造景"的,也有室外景观在原有自然物的基础上进行的设计,如沿山坡地形设计活动场地、保留原有树木或者移栽等。

室外公共环境的创设要求如下:

(1)户外游戏场地的道路、地面、景观、山石及植物等都没有安全隐患。

(2)保留园内的大树和文化遗址。

(3)户外排水系统、消防栓等符合国家安全和卫生标准。

(4)场地开放,不设置障碍。

室外空间和场地的设置应保持开放性,一目了然,各分区之间尽量不设置障碍,有利于满足幼儿活动的需求。户外游戏环境可以分为静态游戏区和动态游戏区,动态游戏包括攀爬、荡秋千、奔跑、骑车等,静态游戏包括园艺、玩沙玩水、绘画和阅读等。在游戏区之间可以设置座椅、凉亭等休息站,进行动态和静态游戏的转换。如图6-19所示。

图 6-19

武汉市实验幼儿园（橡树园区）在开园 13 年后改造了户外环境，保留了原有的树林，在树林中增加了树屋、沙池、攀登架、休闲座椅、道路等。

（二）景观与功能结合的策略

景观、休闲、游戏、运动四个功能分区并不是割裂开的，而是你中有我、我中有你的，每个区的 LOGO 和标志建筑既可以是景观，又可以是设施，可以进行更多科学和艺术相结合的设计。

（1）户外场地的设计要以功能为先，满足功能需求后，再考虑景观和材料。

（2）活动设施的高度、大小等都应以满足幼儿的要求为标准，符合幼儿的年龄特征。

湖北省实验幼儿园户外活动的场地以"海、陆、空"为主题，山坡上有木制的船、直升机，山坡下面是长长的山洞，幼儿可以从山洞的一头钻到另一头（图 6-20）。树屋滑梯和一棵大树之间有一条长长的索道，幼儿系好安全带、在老师的保护下就可以双臂垂悬滑索了。

图 6-20

（三）锻炼与交往结合的策略

幼儿每天在户外进行"三浴"（阳光、空气和水）锻炼，既有利于生长发育和身心健康，提高师生互动、幼儿间互动的频率，又有利于幼儿情绪平稳，发展平衡协调能力、创造力及组织能力等（图6-21）。

（a）　　　　　　　　　　　　　（b）

图 6-21

（1）户外场地和设施应有助于幼儿自主游戏和锻炼。
（2）户外游戏应满足3~6岁幼儿活动和发展的需要。

小班幼儿喜欢独立游戏和平行游戏，应在户外为小班幼儿提供可独处的小空间，如小房子、树屋、隧道等。

大班幼儿喜欢探索和合作游戏，应在户外设置探索性、实验性和操作性强的区域和空间，如嬉水区、迷宫、攀爬墙等。

（四）体验与操作结合的策略

户外游乐设施、种植养殖区、野趣游戏区、角色游戏区等除了能让幼儿锻炼身体之外，还能给幼儿提供诸多体验和操作的机会，有利于幼儿集中注意力，促进幼儿认知水平、人际交往能力和人际关系的发展。

（1）室外的建筑、设备、器材、教玩具等都必须符合国家颁布的相关卫生标准和安全标准；设施设备的高度、大小、使用方法等都要杜绝安全隐患，避免尖锐设计。
（2）游戏材料和游戏内容应有利于激发幼儿的好奇心和探索欲望。
（3）游戏材料应有利于幼儿操作，如抚触、揉捏、拼接、搬动、摆放等。

室外公共环境的创设应有利于生生互动、师生互动、家园互动，让幼儿与环境主动"对话"。让幼儿主动、互动的前提是让幼儿对环境感兴趣，如：能让幼儿主动探索、触摸、摆弄的户外运动器械；能让幼儿主动参与操作和体验的自然材料；能让幼儿流连忘返的树屋、迷宫、探险森林等。

（五）开放与多元结合的策略

开放的办园理念必然会有开放的环境和设施，幼儿园应努力营造一个小小的生态圈，创设多元的环境文化，让幼儿以包容的心态接纳所有事物，将传统与现代结合，实现人与自然的和谐相处（图 6-22、图 6-23）。

图 6-22

图 6-23

1. 中西文化的融合

幼儿园室外活动场地和活动设施的创设应以幼儿为主体，所有的环境创设都是为了促进幼儿的发展。但核心办园理念等精神文化的创设应以教师和家长为主体，符合教师和家长的审美趣味，因为教师和家长也是精神环境的一部分，他们在认知上的一致有利于对幼儿的教育。

环境主题和文化的创设要有利于幼儿世界观、价值观的形成；使用的材料要有利于幼儿的健康成长，并且能让幼儿看到材料所创造出来的独特美感；室外公共环境的视线要以幼儿的身高为标准；幼儿是环境的主人，他们对环境的需求大于成人的需求。

2. 人与自然和谐相处

（1）给幼儿提供私密空间。
（2）地面要有高低起伏。
（3）用自然材料作为幼儿的游戏材料。
（4）提供大片玩沙玩水的场地。
（5）提供饲养动物的空间。

第二节　围墙环境创设

一、围墙环境创设的基本要求

幼儿园的围墙不应只具有保护安全的功能，也应是幼儿园文化和艺术的重要组成部分。根据不同的功能，可将围墙分为几大类，分别有理念、视觉和功能等要求，见表 6-1。

第六章 幼儿园室外公共环境创设

表 6-1 幼儿园围墙环境创设基本要求一览表

类别	理念要求	视觉要求	功能要求
文化墙	1. 诠释办园理念 2. 展现园史园貌	1. 风格与办园理念相符合 2. 符合成人的视线高度 3. 内容符合成人的审美需求	1. 标志性墙面要坚固耐用 2. 只在破损时更换,频率为 5~10 年
宣传墙	1. 凸显办园成果 2. 感受领导关怀 3. 宣传对外交流 4. 宣传园内榜样 5. 展示美术作品	1. 宣传墙的设计与环境设计风格相符合 2. 宣传内容符合成人的审美需求 3. 符合成人的视线高度	1. 关注度高 2. 墙面宣传内容做成活动的、容易更换的 3. 在需要时更换,频率为半年
涂鸦墙	1. 给幼儿一个自由绘画和涂鸦的地方 2. 教师和家长可以欣赏和参与幼儿的创作	1. 涂鸦墙的设计是环境文化的重要组成部分 2. 符合幼儿的审美需求 3. 符合幼儿的视线高度	1. 可擦洗的墙面 2. 随手可拿的作画工具(粉笔、丙烯颜料、水粉、水彩、刷子、水桶等) 3. 配套洗手池 4. 有雨阳棚
故事墙	1. 讲述幼儿园内发生的感人故事 2. 讲述与核心价值观和办园理念相关的故事	1. 符合幼儿的理解和欣赏水平 2. 采用手绘或者喷绘的手法制作	1. 定期更换内容 2. 能引起阅读者(幼儿和成人)的共鸣
绿化墙	1. 营造绿色幼儿园氛围 2. 增加园内垂直绿化面积	1. 绿色藤蔓逐步覆盖某一墙面 2. 有常绿的藤蔓植物或季节性藤蔓花朵	1. 爬墙植物浓密、覆盖率高 2. 不能遮挡窗口的阳光 3. 降低绿植覆盖的墙面温度
攀爬墙	1. 锻炼幼儿攀爬和手眼协调能力 2. 满足幼儿安全攀爬的愿望	1. 攀爬墙上的支点颜色和墙面颜色对比强烈、显眼 2. 符合幼儿的审美需求	1. 有安全绳、保护网或软地面(软胶或沙地) 2. 攀爬墙总体高度不超过 2 m,墙面支点每两个距离不小于幼儿一臂长度
触摸墙	1. 给幼儿一个触手可及、随意触摸的地方 2. 增强幼儿的触觉敏感性	1. 符合幼儿的审美需求 2. 吸引幼儿触摸和感受	1. 在幼儿容易触及的地方 2. 使用多种材质,满足幼儿触觉发展的需要

二、围墙环境创设指导策略

(一)追求与整体建筑风格相融合的视觉效果

大门、围墙的设计风格要和整体建筑风格相融合,这种整体性体现在建筑风格、建筑材料、色彩、字体等方面。幼儿园整体的建筑和装修风格则要和办园理念相符合。

与大门相连的围墙设计方案

一般来讲，幼儿园的大门和围墙在建筑交付使用时就已经完成了，但是许多幼儿园的办园理念和文化创设并非一蹴而就，需要一个长期的过程。

江汉二桥幼儿园是一所有着30多年历史的老园，在2015年创建全市"三优综合园所"和迎接示范性幼儿园检查的时候进行了全面的环境改造，更加凸显了"楚蕴无痕、快乐童年"的办园理念（图6-24、图6-25）。

图6-24

图6-25

（图片提供：武汉市汉阳区江汉二桥幼儿园）

（二）充分发挥围墙的互动和教育功能

围墙的功能不仅是满足安全的需要，还有文化、宣传、涂鸦、故事、绿化、攀爬、触摸等类别的划分（表6-1），更要发挥互动和教育功能。许多幼儿园会在门楣或者靠近大门的围墙上安装电子屏，显示通知消息、天气和食谱信息。

有大片空地的围墙设计方案

江汉二桥幼儿园因为有30多年的历史，变迁故事非常感人，新任园长挖掘了这些老照片背后的故事，把老旧的围墙改造成了胶片回顾墙，如图6-26所示。

图6-26

（图片提供：武汉市汉阳区江汉二桥幼儿园）

第六章 幼儿园室外公共环境创设

江汉二桥幼儿园后院的残垣就这样被改造成了胶片回顾墙"昨天""今天""共同创造美好的明天",将园所跨越式发展最快的几年做胶片式整体回顾,让幼儿在对比中更加爱自己的幼儿园、老师和小伙伴们。

(三)材料使用的多样性原则

适合幼儿靠近和接触的围墙设计方案

许多幼儿园都会在围墙的某一处做一面攀爬墙,有水泥材质的,也有木制的;有卡通风格的,也有现代风格的。攀爬墙的下面一般会有软质地面(草地、沙地、塑胶地等),有的还配有安全绳,攀爬的高度不超过2 m。如图6-27、图6-28所示。

图6-27　　　　　　　　　　　　　　图6-28

(图片提供:武汉市实验幼儿园)

武汉市实验幼儿园的办园理念是"童本",根据办园理念和识别系统的规定,幼儿园的宣传以绿色为主,设计了三种绿色渐变的围墙,选择的是汽车上用的金属板材料,金属板长度一样,宽度递增,循环渐变。

有的幼儿发现了绿色渐变的规律,他们喜欢围着幼儿园边走边感受寻找排列规律的乐趣。

第三节　户外运动区环境创设

《3~6岁儿童学习与发展指南》中指出:幼儿每天的户外活动时间一般不少于2小时,其中体育活动时间不少于1小时,季节交替时要坚持。根据幼儿的身心发展规律,集体活动的时间大概是每天半小时,其余都是自主游戏的时间。

一、户外运动区环境创设的基本要求

(一)运动场地的要求

幼儿园户外运动区的场地应该兼具多种功能,但还是以运动和游戏为主。因为活动的内容不同,场地选择也应不同。

1. 人工场地

幼儿园的人工场地一般是宽敞和正规的场地,也叫操场,能满足幼儿每日户外集体活动和游戏的需求,比如说早操、游戏等。人工场地应具有良好的排水系统,能让操场尽快恢复干燥的使用状态。

1)地面要求

人工场地的地面要求如表6-2所示。

表6-2 人工场地的地面要求

类别	材质	适宜的运动	不适宜的运动	备注
软质地面	人工草坪(图6-29)	走、跑、跳、钻、爬、翻滚、投掷、踢足球	拍球	雨天地面干得比较慢
硬质地面	塑胶地面(图6-30)	走、跑、跳、钻、投掷、打篮球	爬	夏天地面温度高

图6-29

图6-30

(图片提供:武汉市实验幼儿园)

武汉市实验幼儿园的小足球训练场地设置在二楼平台上,地面铺设人工草坪,这块草坪连接两个小班的教室,没有训练的时候,小班幼儿推门就可以出来游戏和玩耍。

2)画线的要求

直跑道:长20~50m,可供4队幼儿迎面接力。

幼儿篮球场:长16~20m、宽9~10m的长方形场地,三分线和中线距离根据成人场地按比例缩小。

幼儿足球场：长 25~42m、宽 15~25m 的长方形场地，中圈区、罚球点、球门线可以根据成人场地的比例缩小。

3）配套设施的要求

篮球架：可定制幼儿专用移动篮球架，底座需要钢制的（比较稳定，不容易倒）。篮圈到地面的高度为 1.6~2.1m，篮圈内直径为 42cm。幼儿一般使用 4 号篮球。

足球球门：球门宽 1m，高 0.8m，底座需要钢制的（比较稳定），钢架要有防护措施。

护栏：有条件的幼儿园可以圈定一块场地建设标准的足球场，包括保护网，保证训练时球不会踢出来伤人。

2. 自然场地

顾名思义，自然场地就是自然界的原有场地，幼儿园常见的自然场地有山体、平地、坑池、树林等，教师应该因地制宜地组织户外活动和游戏活动。自然场地的地面要求如表 6-3 所示。

表 6-3 自然场地的地面要求

类别	地面性质	适宜的活动	不适宜的活动	备注
山体	山石	攀岩、投掷	跑、跳、钻爬、翻滚、平衡	山体的倾斜度、高度、大小、光线等条件应安全，适宜幼儿活动
	土坡	走、跑、滑、平衡、匍匐爬	跳、翻滚	
	山洞	钻、躲藏	跳	
平地	草地	走、跑、跳、翻滚、爬	拍球	平地上应减少障碍物
	沙土地	走、跑、跳	爬、翻滚	
坑池	水池	嬉水、走	跑、跳、爬	戏水池深度不超过 30cm
	沙池	堆砌、挖坑等游戏	爬、翻滚	
树林	索道	悬吊、滑索	单独游戏	尽量保留年代久远的大树，使之与建筑和游乐设施融为一体
	树屋	走、跑、钻爬、躲藏	翻越、跳	
	迷宫	走、跑、跳、平衡	翻越	

（二）运动器械游戏场地的要求

运动器械游戏场地是促进幼儿大肌肉发展的重要区域，要根据器械的功能和幼儿落地动作的特点等来决定对游戏场地的要求。

户外活动场地上的中、大型运动器械应固定安装在软质（草坪、塑胶、沙土地）地面上，器械之间要保持足够的安全距离。[①]

---

① 《武汉市幼儿园装备规范（试行）的使用说明》第 2.1.10 条。

1. 大型运动器械区

（1）单一功能运动器械。越来越多的幼儿园采用原木定制单一功能运动器械，如攀登架（图6-31）、滑梯、秋千、踩水车、钻圈、平衡木、树桩（图6-32）等，这一方面是幼儿基本动作发展的需要，另一方面是园林设计的要求，原木的器材和草地、沙土地搭配比较合适。

图6-31

图6-32

（2）多功能组合运动器械。多功能组合运动器械也称大型玩具，是幼儿园户外活动中最常见的器械，因为幼儿会在里面嬉戏玩耍，所以大多数幼儿园铺设了相对干净的塑胶地面，以求在游戏的过程中不至于弄脏衣服。运动器械的安全性能应该放在第一位，高度、夹角、垂直距离、缝隙等都应该符合2~6岁幼儿游乐的需求。

2. 移动器械区

（1）小型器械。小型器械的使用场地并不局限于操场，而是根据游戏的需要移动放置，小型竹梯、长凳、平衡木等小型器械应以几个幼儿能搬动为标准，摆放器械的场地要求地面不能湿滑。小型器械可根据需要分散或集中放置。

（2）童车和滑板。童车和滑板一般在较光滑和平坦的地面使用，如塑胶地面、水泥地面、大理石地面等，草地和沙地阻力大，不太适合使用。

（3）球类运动区。篮球场要建在较光滑的塑胶地面，足球场和高尔夫球场要建在草坪上，人工的和自然的草坪都可以。

二、户外运动区环境创设指导策略

（一）符合幼儿年龄特点和基本动作发展的规律

幼儿园大型运动器械区也称大肌肉活动区，能满足3~6岁幼儿混龄、自由的活动，所以既要保证给大年龄段的幼儿激烈和充满挑战的游戏体验，也要保证给小年龄段的幼儿安静、能感到心理安全的活动体验。

《武汉市幼儿园玩教具配备目录（征求意见稿）》（2014年6月）中关于大型运动器械的配置方案如表6-4所示。

表 6–4　大型运动器械的配置方案

名称		内容	配置数量/园	备注
多功能组合运动器械	小型组合运动器械	2~3 种功能（滑梯、攀登架）组合		6 个班及以下
	中型组合运动器械	4~5 种功能组合		6~12 个班
	大型组合运动器械	5 种以上功能（每种单一功能运动器械量增加）组合		12 个班及以上
单一功能运动器械	攀登架	阶梯式、爬网式、攀岩式	2 种以上	
	钻筒	直筒型、弯曲型、多通道型	2 种以上	
	滑梯	斜滑板、波浪滑板、旋转滑板、滑杆和绳梯（滑梯与地面的角度不大于 35°，绳梯的结直径大于 112mm）	小班滑梯 2 种以上，大班滑杆和绳梯各 1 种	
	平衡架	平衡木、平衡台、波浪桥、荡桥	2 种以上	
	秋千	坐垫、椅子式、木板式或轮胎式	1~2 种	
	踩水车	大小、直径不同的滚筒和高度不同的扶手	2 种以上	选配

（二）因地制宜地选择空间和场地

幼儿园移动器械区包括小型器械、童车和滑板、球类运动区等，应根据器械和幼儿活动的特点，因地制宜地选择不同的空间和场地（见上文"运动器械游戏场地的要求"）。

童车和滑板除了可以投放到室外平滑的场地，还可以投放在室内大厅和走廊等相对空旷和安全的地方，周边要有安全的防护措施。

《武汉市幼儿园玩教具配备目录（征求意见稿）》（2014 年 6 月）中关于童车和滑板的配置方案如表 6–5 所示。

表 6–5　童车、滑板的配置方案

名称	配置数量/园	内容	备注
脚动小车	3~4 辆		选配
三轮童车（三轮拖车）	3~4 辆	前半部分由车把、车架、车座、前轮组成，后半部分由货箱、两个后车轮组成，安全稳定；车把可扭转 180°，摆放时应归回正位	9 个班及以下
	6~8 辆		9~12 个班
	8 辆以上		12 个班及以上

续表

名称	配置数量/园	内 容	备 注
两轮童车	4~6辆	由车把、前叉、车架、车座、前后轮、脚蹬等部分构成，车把立管内套有车把转轴，使车把可以转动方向，车头转向灵活，护手有锁扣	选配
小推车	6~8辆	使用前在平整的地面上沿"∞"字形行驶和直线推行，车身货箱连车把，只配备一个车轮，稳定性差	
跑冰车	6~8辆	分为塑料材质和钢材质的，车身由车把（较高）、车轮、车体组成，有三轮、四轮之分	选配
儿童滑板车	10~20辆	车身由长形板和4个轮子组成，可灵活前进、后退、360°旋转	
扭扭车	4~6辆		选配
健身车	5~6辆		选配
双人踏步车	2辆		选配
轨道滑车	1辆		选配

（三）根据园所特色课程设置运动场地

幼儿园根据课程的需要可以设置足球场、篮球场、游泳池和高尔夫球场，如图6-33、图6-34所示。

图6-33

图6-34

（图片提供：武汉市实验幼儿园）

（1）幼儿足球场：幼儿足球场是长方形的，根据幼儿年龄特征和运动特点，可确定一个范围，即长25~42m、宽15~25m，中圈区、罚球点可以根据比例调整。幼儿一般使用3号足球。2015年北京市幼儿5人制足球赛场尺寸为长30m、宽18m，球门宽1m、高0.8m。

（2）幼儿篮球场：成人篮球场的尺寸为长28m、宽15m，幼儿篮球场可以根据此比例缩小为20∶10或16∶9，保证是一个长方形场地，三分线和中线距离以此类推。可定制幼儿专用移动篮球架，篮圈到地面的高度为1.6~2.1m，篮圈内直径为42cm。幼儿一般使用4号篮球。

（3）幼儿游泳池：幼儿园室外游泳池出于安全考虑一般都是戏水池，平面形状和尺寸不限，深度为0.3~0.6m，有条件的幼儿园可以考虑修建恒温游泳馆，泳池水深0.6~1.3m，泳道长度不超过12m。

（4）幼儿高尔夫球场：最小的练习场地或室内高尔夫球场尺寸为长6m、宽4m、高3m，要有安全网。绝大多数幼儿园都不具备修建户外高尔夫球场的条件，标准的18洞高尔夫球场占地2 500亩[①]，幼儿高尔夫球场面积应不低于300m²（9洞）。

（四）充满野趣与挑战的运动环境

浙江安吉游戏、山东利津游戏、日本富士幼儿园、德国华德福等的户外环境创设都是以自然、生态为主要特征，打造"丛林""森林"的自然环境，让人与自然和谐相处，让幼儿在游戏中锻炼身心。

武汉市实验幼儿园运用轮胎、梯子、绳子、油桶和一些辅助材料设置自主运动和游戏项目，提升幼儿攀爬、平衡、投掷、上肢悬吊、钻、翻越等的能力（图6-35~图6-38）。

图6-35

（a）　　　　　（b）

图6-36

（a）　　　　　（b）

图6-37

图6-38

（图片提供：武汉市实验幼儿园）

---

① 1亩≈667m²。

野趣探索区的配置原则是给幼儿提供尝试、探索和挑战的空间和场地,要想让游戏更富有创造性和挑战性,可以将固定的器械和移动的器械结合在一起使用。我们应努力从生活中取材,在情境和角色中发现幼儿的闪光点,让天赋的发展更自由,让每一个创意都能得到实践。

第四节 戏水玩沙区环境创设

一、戏水玩沙区环境创设的基本要求

玩沙和戏水是发展幼儿触觉的重要游戏手段,沙和水也是幼儿认识地球环境的重要途径,堆砌、流动、挖掘、挤压、冲刷等物质运动的概念只有在游戏中才能建立。

幼儿园应开辟户外玩沙和戏水的区域,在游戏中设置情境和角色,让幼儿在沙堆中掘路、挖沟、堆山、筑隧道等,并提供多种玩沙和戏水的设备,通过玩耍认识物质的特性。

场地有限的幼儿园可以配备移动的玩沙戏水设施。戏水玩沙区环境创设的基本要求如表 6-6 所示。

表 6-6 戏水玩沙区环境创设的基本要求

类别	理念要求	功能要求	辅助材料
游乐体验区	1. 给幼儿提供自由玩沙和玩水的空间和场地 2. 发展幼儿的手眼协调能力 3. 帮助幼儿愉快地融入情境和角色,正确使用工具和材料	1. 沙池深 0.3~0.5m,位置尽可能选择向阳背风处,有利于幼儿玩沙时进行日光浴,并对沙土起消毒作用 2. 沙池应使用细软的天然黄沙,避免使用白沙及经工业加工的有色沙,禁用石英砂等工业用砂	应根据玩沙、戏水场地的大小,配备充足的玩沙、戏水的玩具
科学探索区	1. 探索沙、水等物质的特性 2. 建立堆砌、流动、挖掘、挤压、冲刷等物质运动的概念	1. 尽可能在沙池的附近设置玩水区 2. 沙池应有良好的排水功能	1. 户外活动场地中应设立储藏空间,便于取放游戏器材 2. 应确保沙池具有良好的管理状态

二、戏水玩沙区环境创设指导

(一)有主题的戏水玩沙区

1. 根据课程内容选择主题

顾名思义,"有主题"就是和主题活动相关,一旦游戏被赋予了情境和角色,就会有

第六章　幼儿园室外公共环境创设

规则和挑战性，春季种植、夏季玩水、秋季葬花、冬季堆雪人等都是很好的游戏主题，幼儿园应根据课程内容选择合适的戏水和玩沙的主题。

2. 根据主题和幼儿的年龄特征提供适宜的游戏材料

与主题相关的游戏需要提供相应的游戏材料，比如"在沙地上种树"的游戏需要提供"树"的象征物和游戏材料，还有小铲子、小桶等；"建造农场"的游戏需要提供仿真的小动物等，像主题建构游戏一样，让幼儿在游戏中了解各种关系。

案例四

户外自主游戏"小小乐园"

武汉的夏天从 5 月开始到 10 月结束，幼儿可以玩水的时间特别长。到了夏季，幼儿园的课程里必然会有玩水的主题。幼儿园在户外修建的水池很多时候会成为藏污纳垢和蚊虫滋生的地方，如何解决这一问题？如何让幼儿玩得自由、自主，并从玩水中获得更多有益的经验？武汉市实验幼儿园尝试创设了移动的大水池，如图 6-39 所示。

幼儿园购买了防雨布并搭建了玩水的乐园，把平衡木或轮胎垫在雨布下面，搭成长方形的水池，水池边缘再压上轮胎（不让雨布滑下来）。教师用油壶自制了"雨鞋"，让幼儿穿上体验船在水中前行的感觉；幼儿把长凳搬到水池中间搭建长江大桥；幼儿扮演小猫，到水中捞"鱼"（球），捞起来的"鱼"再用小车运走，如图 6-40 所示。此外，教师还准备了水枪，让幼儿轮流体验用水枪射击和躲避的乐趣。用什么材料和工具？游戏怎么玩？这些都是孩子们自己讨论和动手操作的。整个户外自主玩水活动把幼儿的身体锻炼和游戏结合在一起，幼儿玩得不亦乐乎。

图 6-39

图 6-40

（图片提供：武汉市实验幼儿园）

（二）无主题的戏水玩沙区

1. 给无主题游戏提供充足的时间和场地

无主题的戏水玩沙区就是每个幼儿园在户外设置的沙坑或水池不限主题、不限材料，游戏的时候幼儿把工具和材料带到场地，游戏结束之后收起来。

2. 引导幼儿自己挖掘主题和角色

无主题的戏水玩沙区有时候会变成鸡肋，因为他们不知道怎么玩才会好玩。没有赋予角色和主题、当然就没有规则，教师把孩子放过去会嫌脏乱，幼儿也不觉得好玩，久而久之就会无人问津。

案例五

武汉市实验幼儿园户外的沙地不止一块，除了空旷一些的沙地之外，攀爬墙下面、游戏设施下面都是沙地，这些都是玩沙的好地方。

沙池的水泥边缘圈定了幼儿玩沙的范围，可以选择进入沙池或在沙池边上玩（图6-41）；沙池边上的矮墙可以让幼儿体验流沙从上往下滑下来的感觉（图6-42）；攀爬柱下面的沙地主要起缓冲和保护的作用，幼儿也可以带工具进入沙地玩耍。

图 6-41

图 6-42

（图片提供：武汉市实验幼儿园）

第五节 种植养殖区环境创设

一、种植养殖区环境创设的基本要求

地球因为有生命而变得精彩。幼儿园的种植和养殖活动能够帮助幼儿了解大自然中的生老病死，人们对待生命的态度将直接影响其生命质量。种植养殖区环境创设的基本要求如表6-7所示。

第六章　幼儿园室外公共环境创设

表6-7　种植养殖区环境创设的基本要求

类　别	理念要求	视觉要求	功能要求
植物或花卉观赏区	1.利用植物和花卉营造园内春夏秋冬的美景 2.充分利用植物的形、色、味进行景观设计	1.春有桃李争百花，夏有荷莲伴蛙鸣，秋来藤菊摘瓜果，冬日银杏树常青 2.种植在幼儿的视线范围内	1.园内有季节性植物和花卉 2.植物生长茂盛，挂有介绍的名牌
蔬菜或水果种植区	1.引导幼儿亲近自然，近距离观察蔬菜和水果的生长，参与浇水、采摘等过程 2.以班级小菜园和小果园的形式让幼儿管理蔬果，培养责任感	1.小菜园划分成方块，一目了然 2.设置简易大棚，种植蔬菜和水果	1.每个班级可划分小块菜园和果园，种植不同的蔬果，感受蔬果生长的全过程 2.可随手拿到劳动工具和材料
水生动物养殖区	1.给幼儿一个安静观察和喂食水生动物的地方 2.将花鸟虫鱼融入自然美景之中	1.园内修建的生态景观有假山石、小瀑布和鱼池、龟池等 2.大型鱼缸内要添加适量的水草、小石子等增强画面感 3.有安全的喂食区域	1.大型鱼池要有活水或者污水处理系统，主要养殖锦鲤等观赏鱼 2.乌龟等食肉水生动物要和鱼分开养 3.饲料要妥善保管，避免喂食过量
禽类养殖区	1.营造人与动物和谐相处的环境 2.让幼儿认识常见的家禽和鸟类，并了解它们的生活习性	1.家禽和飞禽分开饲养，家禽需要一定的场地奔走，飞禽需要一定的空间飞翔 2.可以成双成对地养	1.家禽饲养主要是将鸡、鸭、鹅、鸽子、鹦鹉等放在笼、栏里圈养，并把观赏区和饲养区分开，不让幼儿近距离接触 2.禽类笼栏要方便打扫、消毒
小宠物养殖区	1.营造人与动物和谐相处的环境 2.让幼儿认识常见的小动物，并了解它们的生活习性	1.可修建专门的小宠物房舍，有观看区域 2.宠物房舍应能遮风挡雨，有利于清扫	1.小宠物指的是兔、仓鼠、荷兰猪、刺猬等小动物 2.小宠物的房舍要方便打扫、消毒 3.繁殖太快的小宠物不宜养殖，如小白鼠

215

二、种植养殖区环境创设指导

（一）在美的感受和体验中提高教师和幼儿的艺术素养

人们种植植物，植物美化环境，园林设计是一门高深的艺术。幼儿园里应该有园艺欣赏的内容，教师和幼儿耳濡目染，并参与到环境创设之中，自然会提高艺术修养。

案例六

植物观赏区

武汉市实验幼儿园的老师们对幼儿园的植物角进行过研究，他们发现植物观赏区的亮点一方面在植物，另一方面在花盆，二者结合会产生意想不到的艺术效果。

废旧的瓶子或罐子、茶水桶、轮胎（图6-43）、套鞋、牛仔裤（图6-44）等都是可以用来造型的。经过造型的植物花卉可以悬挂在墙壁上，也可以摆放在墙角、路边（图6-45）。

水培植物可以用玻璃容器或透明塑料瓶种植。

图6-43

图6-44

图6-45

（图片提供：武汉市实验幼儿园）

（二）引导幼儿观察植物的生长和消亡，提高教师和幼儿的科学素养

我们的教育不能培养"四体不勤、五谷不分"的人，所以越来越多的幼儿园会因地制宜专门开垦一片农耕区域，让幼儿每天都在菜地里劳作，吃上自己种植的蔬果。

案例七

小菜园和果园

幼儿园的小菜园一般以班级为单位开辟一块"责任田"（图6-46），每一块地可以种植不同的蔬菜，户外面积不够的幼儿园可以将小菜园放在阳台上（图6-47）。

幼儿园的环境创设一般都以学期为单位，一个学期围绕一个或几个主题展开，所以小菜园应选择快生蔬菜，能让幼儿在一个学期中完成从播种或者是菜秧种下去，到蔬菜成熟和采摘的全过程。如果课程计划中有让幼儿制作泡菜的内容，可以选择大白菜、包菜、辣椒等适合做泡菜的蔬菜进行种植，让幼儿有机会尝到自己亲手制作的泡菜；如果课程计划中有大棚种植的内容，可以在小菜园搭建一个简易的大棚，种植同样的蔬菜，然后和另外一个没有大棚的菜地进行对比，了解什么样的蔬菜需要在大棚内种植。此外，还可以种植高矮不同的果树（图6-48、图6-49）。

图6-46

图6-47

图6-48

图6-49

（图片提供：武汉市蔡甸区大集中心幼儿园、武汉市实验幼儿园）

一般来讲，大班的幼儿可以进行种植科学小实验，如种子的追光实验等；中班的幼儿可以种花（四季开花），从播种、移栽到浇水施肥、鲜花盛开，全程观察和参与；小班的幼儿可以在教师的帮助下种菜（豆类、空心菜、青菜等），因为蔬菜的生长周期比较短，幼儿可以很快吃上自己种的蔬菜，这种体验能让孩子记忆深刻。

（三）激发幼儿好奇心，引导幼儿进行科学探索，发现动植物生长的现象和规律

适宜幼儿园养殖的水生动物并不多，金鱼和乌龟是比较容易养的观赏动物。幼儿园可以把生态鱼池建在户外（图6–50），也可以建在大厅和走廊，或者在室内陈列观赏鱼缸。

图6–50

案例八

生态鱼池（循环水系统）

江汉二桥幼儿园鱼池边缘的彩色鹅卵石是幼儿和家长一起手绘的作品（图6–51），幼儿一般会在这里长时间逗留，因为除了看鱼、看彩绘鹅卵石以外，这里还有许多可以谈论的话题。

图6–51

（图片提供：武汉市汉阳区江汉二桥幼儿园）

另外，从环保和可持续发展的角度来讲，有条件的幼儿园可以考虑请专业人士来设计建造有生态循环水系统的鱼池，将处理后的生活污水用来浇花和养鱼。

第六节 幼儿园室外公共环境创设案例与分析

美国著名建筑大师路易斯·康曾说过:"人生的第一所学校应该让他们认识到,这里不是在学习,而是在玩耍的过程中学到知识。"

案例九

富士幼儿园

富士幼儿园位于日本东京立川市,它曾被经济合作与发展组织(OECD)评选为世界上最优秀的教育建筑。富士幼儿园建于 2007 年,设计师是享誉盛名的手冢贵晴和手冢由比夫妇,建筑的设计理念是:人、自然、建筑和谐相处。[①] 手冢贵晴在 TED 演讲节目中介绍富士幼儿园的视频在网络疯传,被称为"你从未见过的最好的幼儿园"。

富士幼儿园是双层椭圆结构,且无终端、无墙壁、无阻隔,上层供幼儿乱跑,下层是半开放式教室。巨大的屋顶像一块草场(有护栏),可以容纳上百个幼儿像羊群一样乱跑,环形结构有利于幼儿绕圈跑,如图 6-52~图 6-54 所示。据设计师介绍,幼儿平均每天可以跑 4 000~6 000m。

图 6-52

图 6-53

图 6-54

(图片来源于网络 http://daily.zhihu.com/story/7286529)

---

① https://v.qq.com/x/page/z0154jyip9j.html

每个教室都有一个凸起的天窗，恰好位于屋顶跑道上，既可当作幼儿奔跑中的障碍物，又是捉迷藏的好地方，还可以让幼儿像圣诞老人一样透过"烟囱"往下看，如图 6-55、图 6-56 所示。

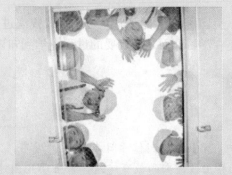

图 6-55　　　　　　　　　　　　　图 6-56

（图片来源于网络 http://daily.zhihu.com/story/7286529）

附加建筑与幼儿园相邻，被称为"树屋"，也叫"榉树候车亭"，是幼儿等候校车的地方。"树屋"高 5m，中心有一棵大榉树，7 块交错排列的楼板小心翼翼地包围着大榉树，内部的柱子和楼梯隐藏在树叶和枝杈的阴影中，既营造了"丛林"的环境氛围，又保持了建筑的完整性。如图 6-57~图 6-60 所示。

图 6-57　　　　　　　　　　　　　图 6-58

图 6-59　　　　　　　　　　　　　图 6-60

"树屋"中有许多压缩和封闭的空间,幼儿只有半蹲和爬行才能通过,中间的大榉树则被建成了攀爬塔。

有家长说,这是一所与众不同的幼儿园,它强调的不是"教",而是"学",而且是提供各种计划让孩子们在玩耍中学。①

案例十

安吉游戏

安吉游戏是浙江省湖州市安吉县学前教育发展的一种状态、模式和课程,是安吉幼儿园游戏教育的简称,这种活动形式覆盖了安吉县所有的幼儿园。

华东师范大学博士生导师华爱华说:"游戏的本质是一样的,但是在安吉看到的游戏状态是不一样的,更加自然,更加原生态。"

安吉游戏有三个关键词:一是"冒险与挑战",二是"幸福与专注",三是"尊重与爱"。

沟壑、山坡、草坪、秋千、木屋、绳网不仅为孩子们提供了锻炼体能的机会,更给孩子们带来了无限的游戏想象空间,既具有挑战性,又具有原始生态性。而游戏中提供的麻袋、麻绳、木桩、木条、木箱、梯子等更可以让孩子在自主自由的环境中生成各种游戏。如图6-61、图6-62所示。

图6-61

图6-62

(图片来源于学前云教研微信公众号,拍摄自安吉实验幼儿园)

安吉机关幼儿园园长盛奕说:"我们就地取材创设了18个野趣游戏区,各年龄段幼儿按不同游戏区进行轮换,周二、周三、周四全园896名幼儿在相对固定的游戏区游戏,周一、周五各班自由选择游戏区游戏。"大班的游戏区有松树林(图6-63)、欢乐运动场、户外建构、冒险岛等,中班的游戏区有农家乐、小树林、大脚丫池、石玩坊等,小班的游戏区有涂鸦(图6-64)、废旧工厂、沙滩等。

---

① http://www.360doc.com/content/15/0514/13/22695177_470407239.shtml

图 6-63

图 6-64

（图片来源于学前云教研微信公众号，拍摄自安吉实验幼儿园）

安吉游戏有三大核心要素：一是开放的环境和材料，二是对孩子游戏的赋权，三是教师的角色。教师首先是观察者，然后才是支持者，要在观察的基础上、看得懂的基础上给孩子最大的支持。

案例十一

利津游戏

"南有浙江安吉，北有山东利津"，与"安吉游戏"齐名的"利津游戏"是山东省东营市利津县学前教育发展的一种状态、模式和课程，它打造了户外体育和儿童传统游戏特色。

利津游戏的种类和花样有很多，并且很多项目像杂技一样具有一定难度和危险性，如铁索桥（图 6-65）、风火轮（图 6-66）、平衡梯（图 6-67）等。

图 6-65

图 6-66

图 6-67

（图片来源于网络 http://learning.sohu.com/20161103/n472233728.shtml）

第六章　幼儿园室外公共环境创设

利津游戏的代表性游戏材料有铁皮车、传声筒、轮胎等。武汉市蔡甸区大集中心幼儿园就配置了许多利津游戏的户外游戏材料，如图6-68、图6-69所示。

图 6-68

图 6-69

（图片提供：武汉市蔡甸区大集中心幼儿园）

课后练习

1. 幼儿园园舍选址要关注哪些问题？
2. 幼儿园室外公共环境可以划分为哪些区域？请选择其中一个区域说说环境创设的策略。
3. 幼儿园户外运动区域的场地选择有什么要求？如何选择适宜的运动器材？
4. 以戏水玩沙区为例，设计一个游戏的指导方案，要求有主题情境和角色、材料投放、指导策略等。
5. 根据"童真、自然、健康、快乐"这一办园理念，说说室外公共环境创设中能体现园所文化的地方和环境创设策略。

第七章 幼儿园室内公共环境创设

学习目标

1. 掌握幼儿园室内公共环境创设的基本布局、要求、原则、方法。
2. 对幼儿园环境创设感兴趣,体现审美意识、教育意识和趣味意识。
3. 能将教育理念运用到幼儿园室内公共环境的创设中,初步具有合理规划幼儿园公共环境、创设各个功能室的能力,并能创设出有特色的室内公共环境。

案例导入

幼儿园室内公共环境的创设经常会给孩子们带来欣喜和好奇的现象。灵动的五线谱和跳跃的音符在大厅的墙面上跳舞,小蜜蜂飞到了花窗上,美丽的蝴蝶在走廊上空盘旋,梁上是彩喷的青花瓷图案,还有十二生肖的吊饰和富有童趣的卡通娃娃,上下楼的地方贴上了小脚丫的标志。隔着不远处,以太空等背景为主色调的科技室给孩子们提供了许多探索操作的材料。孩子们兴奋地叫着,招呼同伴、老师:"快来看、快来看呀!"在多边形的大厅、长条形的走廊、室内的楼梯旁,以及多功能厅前经常会有许多小朋友,他们靠在一起,有说有笑,看个没完。

这些室内公共环境的创设不仅能凸显幼儿园的办园宗旨,而且能有效调动孩子们的多种感官,给孩子们带来欣喜,同时也能激发孩子们的探索欲望和好奇心,既美化环境,又让孩子们在幼儿园的一日生活中潜移默化地接受教育。

幼儿园的室内公共环境是每个幼儿都能接触、感受、触摸的地方。"幼儿园室内公共环境"界定为幼儿园内除室外和班级以外的其他公共集体活动场所,包括走廊、门厅、楼梯、专用功能室等。室内公共环境的整体创设虽然对孩子的作用不是直接的,但是它能给人以潜移默化的影响,并且能体现一个幼儿园的办学风格和教育品位。在整体布局上,应充分体现"以幼儿发展为本"的教育思想。布局设计规划时,应该遵循幼儿园环境创设的原则,使整个环境充满教育性、趣味性、艺术性。

第七章 幼儿园室内公共环境创设

第一节 厅廊环境创设

一、厅廊环境创设的基本要求

厅廊是师生和家长进入幼儿园的第一印象,第一印象十分重要。在墙体上设计一些园所文化标识与文化活动展示的区域,可展示幼儿园风采。只有充分利用自身的空间优势,进行巧妙的布局规划,环境设计才能体现积极的作用。

(一)大厅环境创设的基本要求

1. 彰显园所文化

大厅文化是眼睛,是心灵的窗户,心灵的美靠我们的眼睛来传达。我们通过大厅能看到幼儿园的什么?幼儿园大厅会给家长和孩子留下关于幼儿园的第一印象,因此一般都会有一面校园文化墙,将办园理念、园训、园风、办园特色等一一呈现,体现幼儿园的文化内涵(图7-1)。

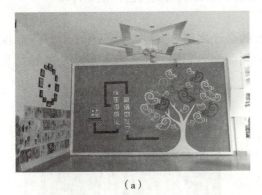
(a)

(b)

图7-1

2. 凸显家园共育

幼儿园大厅是全园每个家长接送幼儿的必经之地,在创设幼儿园大厅环境时,一定要考虑家园共育,如创设家长休息区、亲子阅读书吧、家长园地等,让家长参与到幼儿园的管理中,体现家园共育。

3. 富有园所特色

每个幼儿园都有自己的办园特色,进入幼儿园后第一眼看到的大厅就应该体现浓厚的特色文化,比如艺术、科技、中国传统文化等(图7-2、图7-3)。

图 7-2

图 7-3

4. 营造艺术的氛围

环境创设必须有艺术性，这样才能给人以美感和艺术的享受。幼儿园大厅作为一个园所的门面，还需要营造出艺术的氛围。

（二）走廊环境创设的基本要求

走廊，即幼儿园建筑中连接楼层与教室的部分。走廊作为幼儿园的室内公共环境，是每个幼儿都能接触、感受的地方，也是幼儿自由活动的地方，在这个空间，幼儿能创造出教师无法预设的精彩。可充分利用走廊地面、墙面、顶面三维空间创设走廊环境。

1. 走廊环境是通行与展示功能的集合

走廊位于幼儿活动室门口，是幼儿和家长的必经之路。在创设走廊环境时，既要保证走廊的通道宽敞无障碍，又要将走廊墙壁和顶面充分利用，将通行与展示功能相结合（图 7-4、图 7-5）。

图 7-4

图 7-5

2. 走廊环境是沟通与传播功能的集合

走廊一般贯穿幼儿班级区域和教师办公区域，无论是在哪个区域，都应通过创设适宜的环境，发挥师生沟通、家园沟通、师师沟通和宣传传播的功能（图 7-6、图 7-7）。

第七章 幼儿园室内公共环境创设

图 7-6

图 7-7

3. 走廊环境是培养幼儿学习与提高认知功能的集合

在创设走廊墙面环境时，应围绕主题探究课程，师生、家园共同创设幼儿学习主题墙环境；还可以利用走廊顶面，创设符合幼儿年龄特点、具有教育功能的吊饰，让走廊环境发挥提高认知能力和培养幼儿学习能力的作用。

二、厅廊环境创设指导

（一）大厅环境创设指导

1. 主题鲜明，富有童趣和园所特色

在创设大厅环境时，要考虑与幼儿园的整体风格一致，选择有趣、可爱，符合幼儿的年龄特点，能够体现园所特色的艺术元素来创设环境（图7-8）。如果整体风格和园所特色是中国传统文化，那么可以用大红色、中国娃娃、中国结、青花瓷、灯笼等元素。

图 7-8

2. 彰显园所文化，体现教育目标

大厅是体现园所文化最直接的地方，在创设大厅环境时，一般会创设一面校园文化墙，利用图文并茂的方式展示办园理念、特色、宗旨等内容，体现教育目标（图7-9）。

图 7-9

3. 发挥大厅环境的宣传和互动功能

大厅是师生及家长每天必经的地方，可以因地制宜地安排几个板块介绍园所发展历程、教师队伍、幼儿活动、幼儿食谱、家园互动等内容，张贴一些幼儿园的规章制度，营造开放互动的氛围，发挥宣传的作用（图7-10、图7-11）。

图 7-10

图 7-11

（二）走廊环境创设指导

1. 注重年龄特点与幼儿发展

一般情况下，同一层楼都是年龄相近的孩子，每层楼的走廊环境创设要根据孩子的年龄特点和发展需求来确定鲜明的主题，形成不同的特色。如创设小班走廊时，要体现温馨、童趣，可爱的娃娃、憨态可掬的熊猫、甜甜的棒棒糖都是不错的选择；创设大班走廊环境时，可以选择宇宙飞船、创意汽车等能激发孩子想象力和创造力的内容，还可以安排交通知识、安全知识等内容。

2. 注重将地面、墙面、顶面有机融合

从幼儿的审美情趣出发，可以将走廊的地面、墙面、顶面三维空间有机融合，创设充满立体感的走廊环境，使走廊成为幼儿感受美、理解美的地方。如万物更新的春天，如果

走廊墙面围绕"春天来了"的主题进行布置,那么顶面可以制作一些生机勃勃的柳条悬挂,折叠一些五彩缤纷的小鸟在绿柳间飞翔;地面可以做一条"脚印小路""调皮毛毛虫"等。这样长长的走廊就变成了一个春意盎然的世界,可以拉近幼儿与大自然的距离,激发幼儿的探究欲望。

3. 注重师生、家园共同参与

走廊环境创设不是教师单方面完成的,环境创设的目的就是为幼儿发展创造条件,调动幼儿的积极性和主动性。具有互动式因素的环境更容易吸引幼儿去参与、操作和探索,在这种环境中,幼儿才能真正成为主动学习者(图7-12)。同时,家长的参与也是非常重要的,可以发挥家长的特长进行走廊环境创设,让孩子、家长更有亲切感。如:依托传统节日活动创设的"大家来过端午节"这一走廊环境,孩子、家长、教师共同收集端午节的图片、赛龙舟的照片,孩子们用绘画、手工等作品布置墙面;家长可以包粽子、手工编织盐蛋网,教师可以在走廊角落里摆几把小藤椅,备上几杯清茶,营造一个既热闹又温馨的过节环境,使师生、家长置身于共同参与创设的环境中,其乐融融。还需要注意的是,走廊环境不是一成不变的,要根据主题、对象、发展水平及时进行调整。

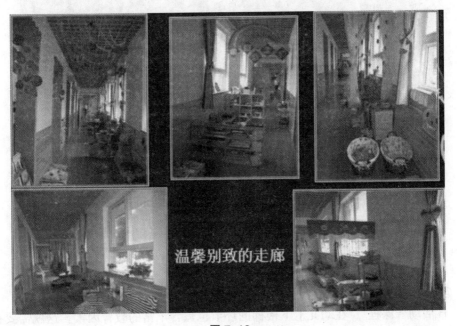

图 7-12

第二节 楼梯环境创设

楼梯是建筑物中作为楼层间垂直交通用的构件,用于楼层之间和高差较大时的交通联系。15—16世纪的意大利,将室内楼梯从传统的封闭空间中解放出来,使之成为形体富于变化且带有装饰性的建筑组成部分。在幼儿园中,楼梯是孩子上下楼的通道,教育者应创设优美舒适的楼梯环境，使之蕴含丰富的教育因素，让幼儿在每天上下楼的过程中潜移默化地受到教育。

一、楼梯环境创设的基本要求

1. 科学规划，合理布局

在楼梯环境创设的基本要求中，安全是第一位的。这就需要创设者从安全性、可行性方面充分考虑园所楼梯的实际情况，合理布局，科学规划，不能妨碍楼梯的通行功能。一般会在墙面上做一些简单的布置，内容以教师和幼儿的美术手工作品、幼儿园开展各类活动的照片、安全提示标识为主，以平面作品为宜。如果转角处较宽敞、明亮，可以放几个小布艺沙发作为过渡空间，为儿童提供短暂歇息的场所，但是要注意物品不能太多，不可让幼儿逗留的时间过长。如图7-13所示。

图 7-13

2. 因地制宜，体现环境教育的价值

"一日活动皆课程"，在幼儿上下楼梯的环节也蕴含丰富的教育因素。这就需要在环境创设方面充分挖掘有教育价值的因素，发挥环境的育人功能。如在楼梯地面粘贴向上、向下的标志，在台阶上标数字，粘贴靠右走的小脚丫提示标志，等等。

二、楼梯环境创设指导

楼梯的装饰应简单、明快，色彩不宜过多，坚决避免环境表现过度导致的儿童逗留时间过长、拥挤，甚至推搡现象，防止意外发生（图7-14）。

第七章　幼儿园室内公共环境创设

图 7-14

1. 从材料的选择来看，楼梯地面必须防滑

木质楼梯最好，或者铺上防滑地垫。两边必须有扶手栏杆，与幼儿身高相匹配。色彩应与幼儿园的整体风格一致。

2. 从布局来看，讲究错落有致

在进行环境创设时，要考虑适宜性原则。即在与幼儿视线平行的环境创设方面，以幼儿参与为主，让幼儿有亲切感。如张贴幼儿的美术作品、照片和幼儿喜欢的卡通形象等。幼儿视线以上的部分可以与园所文化主题相结合，以教师和家长的参与为主。如张贴幼儿园活动的照片、艺术作品等，还可以在顶面悬挂一些装饰点缀。这样错落有致、有层次感，也符合幼儿的年龄特点。如图 7-15、图 7-16 所示。

图 7-15

图 7-16

3. 从内容选择来看，应充分挖掘"台阶"这一楼梯环境中最特殊的部分中蕴含的教育价值

创设一些标志环境，如依次在台阶上贴阿拉伯数字，向上、向下的标志，靠右行走的标志，等等。此外，还可以在幼儿上下楼的地方贴上小脚丫的标志、安全提示标识等，既能美化楼梯环境，又能让幼儿在每天上下楼的过程中潜移默化地接受教育。

第三节 幼儿园专用功能室环境创设

幼儿园专用功能室（又称园所专用功能室）是一种开放的活动环境，在功能室中，教师鼓励幼儿自主选择、自主探索，在和材料、环境的相互作用中获得身体、情感、认知和社会性等方面的发展。专用功能室能弥补班级活动中的不足，打破年龄的界限，最大限度地实现资源共享。

一、专用功能室的分类与功能

（一）专用功能室的分类

专用功能室是教师和幼儿共同创设的供幼儿进行主动探索的活动空间，是发挥多种教育功能的活动区域，已经成为幼儿园课程资源的一部分。相对于班级活动区域来说，它能打破年龄的界限，提供更丰富的材料和空间，有更大的教育价值。从促进幼儿身心和谐发展、社会性发展、认知能力发展、表现力与创造力发展等方面来说，可以将专用功能室分为图书室、美术室、科技室、音体室等，还可以在幼儿园场地允许的情况下，创设与实际生活相联系的社会体验功能室，如"星期八小镇"等。

（二）专用功能室的功能

皮亚杰提出"幼儿在与环境的互动中学习"这一理念。专用功能室最主要的功能是弥补班级活动室空间的不足，既能为幼儿的充分活动提供可能，为幼儿的自主发展提供保证，同时也是幼儿园办学理念的体现，是个性化办园的展现，是幼儿园发展的关键。幼儿园专用功能室能够保证幼儿全面、充分、和谐地发展，是幼儿园教育质量整体提升的又一标志。

1. 图书室的功能

图书室的功能主要是为幼儿提供安静温馨的阅读环境，让幼儿通过听、读、看，获得精神上的享受，开阔视野，丰富生活经验，同时增强想象能力和学习语言技巧，让幼儿从书中获得更多的社会、自然知识和大量的生活经验，学习新的词汇与语句。在色彩上，图书馆应采用清新淡雅的色调，为幼儿营造安静、轻松的阅读环境，让幼儿能专心地沉浸在图书的世界里；在造型上，对环境进行合理创设，使图书室成为最舒适、最宁静、最令幼儿向往的地方；在内容上，设计应体现内涵，应给孩子更多的自由交流空间。如图7-17所示。

图 7-17

2. 美术室的功能

美术室优美的环境能传递给幼儿各种信息和刺激，使幼儿在潜移默化中受到文化艺术的影响，提高幼儿对美的感受能力。因此，美术室的物质设备、空间布置、墙饰美化等都应精心设计，保证整体环境和谐优美，体现美的原则和规律。如园内外的墙壁上适当安些多宝架或搁板架，陈列一些用泥、木、石、金属、石膏等材料制成的雕塑作品，发展儿童的空间感知能力，使幼儿随时随地都能观察、欣赏这些艺术作品，受到艺术作品的熏陶。此外，应给幼儿提供可集体作画的磁砖墙、水泥墙、黑板或大张画纸，也可给幼儿提供小画板、小画夹，以利于幼儿室外作画。幼儿园还应当给幼儿提供进行美术创作活动的材料。儿童通过自己选择材料、工具，用不同的材料进行粘贴、造型，发展自己的感知能力，加强对各种材料的认识。如图 7-18、图 7-19 所示。

图 7-18

图 7-19

3. 科技室的功能

《纲要》指出，幼儿园应"提供丰富的可操作的材料，为每个幼儿都能运用多种感官、多种方式进行探索提供条件"。幼儿园的科技室面向各个年龄段的幼儿，应创设科学探索的环境和氛围，提供不同标准的操作材料，使幼儿获得丰富的感性经验，使幼儿萌发热爱科学的情感，促进幼儿科学素质的提高。如图7-20所示。

图 7-20

4. 音体室的功能

音体室是全园幼儿共用的活动室，从活动性质来看，更适合开展各种大型活动，可作为音乐、体育、大型游戏、全园集会的场所。一般设有宽阔的舞台，能够培养幼儿对音乐舞蹈的爱好，让幼儿表现美、展现美、创造美。如图7-21所示。

图 7-21

二、专用功能室的设计和材料投放策略

（一）专用功能室的设计原则

1. 目的性原则

每个专用功能室在设计时都应该考虑教育性，只有目的明确，才能有效促进幼儿发展。如：美术室环境创设要体现强烈的艺术冲击力与感染力，给幼儿以美的感受；图书室

注意营造温馨和谐的氛围，培养幼儿安静看书、喜欢阅读的习惯；音体室的环境创设应显得明亮、宽敞、大气，有利于幼儿积极表达和展示；科技室要让幼儿仿佛置身于科学的海洋，愿意在其中探究玩耍，有利于提高科学素养。

2. 适宜性原则

功能室的设计和提供的材料必须符合幼儿的年龄特点，适合幼儿游戏，能让幼儿获得发展。

3. 丰富性原则

丰富性主要体现在功能室的分类和材料的提供方面。应根据不同年龄段孩子的需求、不同功能室的特点，提供丰富的材料。

4. 层次性原则

在创设功能室和提供材料时，不能搞"一刀切"。应针对不同地区、不同功能室、不同年龄段的孩子，创设不同的环境，提供有层次的材料。此外，还要及时更换功能室的材料，不能一成不变，要给孩子以新鲜感。

5. 操作性原则

功能室的创设不仅是为了美观，更重要的是有效提高幼儿动手、动脑、动口的能力。

（二）专用功能室的材料投放策略

1. 图书室

（1）材料投放策略：

家具温馨——图书室的环境和桌椅、书柜以温馨为主调，以布艺沙发、卡通造型为主。

层次性——投放的书籍应考虑不同年龄段幼儿的需求，提供不同层次的绘本、图画书等。

多样性——投放书籍时，可以有纸质书、布艺书、幼儿自制书、电子书等，供幼儿自由选择（图7-22）。除了书籍以外，还可以投放一定数量的手指玩偶，能力强的幼儿可以表演图书内容，形成生生互动。

图7-22

（2）投放材料：图书、绘本、电子图书、挂图、手偶等。

2. 美术室

（1）材料投放策略：

丰富性——美术活动涵盖绘画、手工、玩色、泥工、沙画、利旧利废制作等。在提供材料时，必须注意丰富性。

安全性——无论什么材料，都应该是无毒无害的，保障幼儿操作时的卫生安全。

独特性——美术室的材料应该不同于班级中一般的美术材料，应更加有特点、有变化。如沙画机、陶泥机等。

可变性——为了激发幼儿的创造力和想象力，在提供美术操作材料时，可以选择树枝、树桩、软陶、纸盒、软布等。

艺术性——美术室应该是最具艺术特色的地方，在提供材料时，因充分考虑艺术性，每一样作品、材料都要给人以艺术的享受。此外，还可以在墙面布置一些艺术大师的作品，营造氛围。

（2）投放材料：可根据空间大小，将美术室划分成绘画区、泥塑区、手工制作区等，为孩子营造有序的学习空间。可以投放美术操作材料，旧椅子、废纸箱、瓶子、石头、甲鱼壳、螃蟹壳、旧鞋子等安全卫生的废旧材料，手工制作的机器，以及艺术大师的作品等。如图7-23所示。

图7-23

3. 科技室

（1）材料投放策略：

科学性与教育性相结合——科学操作活动是非常严谨的，提供科技室材料时，要注意激发幼儿对科学现象和数学认知的探究欲望，促进幼儿的科学性发展。

丰富性与层次性相结合——科学现象无处不在、丰富多彩，但不是每一个科学活动都适合幼儿去探索。在提供科技室材料时,既要考虑材料的丰富性,又要考虑孩子的年龄特点和发展水平。如:大班幼儿对光、电、力、水能等科学现象更感兴趣,可以让他们尝试记录实验结果;小班幼儿对身边常见的一些现象有兴趣,如几何图形、水、沙等。因此,投放操作材料时要体现层次性。

趣味性与启发性相结合——科技活动最重要的是培养幼儿对科学现象的兴趣和爱好,避免枯燥生硬。在投放材料时,要围绕幼儿的兴趣,能够让幼儿进行挑战并获得成功感,在活动中提升科学素养和学习品质。

安全性与经济性相结合——为幼儿提供的操作材料必须保证无毒、环保,保证幼儿在操作过程中不受到任何伤害。材料可以是现成的科技操作材料和数学操作材料,也可以从经济性的角度考虑,用生活中常见的、干净卫生的废旧材料。

(2)投放的材料可分为科学现象类、环境科学类、生命科学类、科学技术类等。既可收集安全卫生的废旧材料,如:各种纸盒、绳子、瓶罐、管子、木块、钉子、布等,也可为幼儿提供各种小工具,如:剪刀、胶水、笔、尺、螺丝刀、榔头、起子等。为了让幼儿学会正确、安全地使用工具,应给每样工具配上使用说明(以照片形式),并在较危险的工具上做上标记,提醒幼儿小心使用。科技室能最大限度地满足幼儿自主学习的需要,进一步激发幼儿动手实践、体验成功、不断创新的强烈愿望。如图7-24、图7-25所示。

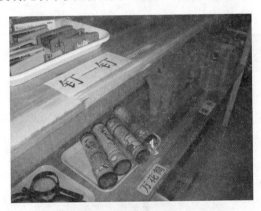

图 7-24

图 7-25

4. 音体室

(1)材料投放策略:

教育性——音体室是开展音乐、体育、大型游戏活动的场所。可围绕这些方面有针对性地投放相应的材料,如:乐器、表演道具、室内体育用品、音响等,以利于孩子与材料进行互动,获得艺术收获和促进身体协调发展。

安全性——幼儿在音体室的活动量一般比在各班活动室要大。因此,在进行室内设计时,对幼儿最易接触的地方——地面,要充分考虑材料的安全性,以木地板为宜,不宜用既冷又硬的地砖、花岗岩等。

开放性——投放的材料应该能激发幼儿的创造灵感和艺术表现,幼儿可以运用多种材料、多方面表现,以开发幼儿的创造性思维和艺术感受力、表现力。

（2）投放材料：可投放音响、话筒、各类乐器、表演服饰、道具等。如图7-26所示。

图7-26

第四节　幼儿园室内公共环境创设案例与分析

一、厅廊环境创设案例与分析

（一）大厅环境创设

案例一

大厅环境创设如图7-27、图7-28所示。

图7-27

图7-28

分析：

整个大厅由主墙、幼儿笑脸墙、园所介绍三个板块组成，以明快的蓝色为主色调。主墙面以灵动的五线谱和跳跃的音符为主，体现艺术特色；右上角是幼儿园的办园理念，醒目和谐。幼儿笑脸墙上的照片是在全园幼儿中开展"阳光笑脸，快乐宝贝"活动中征集海选，由家委会、教师投票选出来的，让孩子们觉得特别亲切。园所介绍板块主要对幼儿园的发展、办园特色、教师队伍、幼儿发展等几个方面进行展示，具有宣传的作用。

（二）走廊环境创设

案例二

走廊环境创设如图 7-29~图 7-31 所示。

图 7-29

图 7-30

图 7-31

分析：

这是三个走廊的环境创设图，主要采用空间吊饰，统一体现中国传统文化的风格，按照不同的年龄段有所侧重。一楼是大班，以青花瓷为主题，梁上是彩喷的青花瓷图案，吊饰是大班幼儿所画的青花画折扇，配以中国结吊坠，体现了幼儿的参与；二楼是中班，以窗花为主题，梁上是彩喷的窗花图案，吊饰是窗花框上配以卡通娃娃，富有儿童情趣；三楼是小班，以十二生肖为主题，梁上是彩喷的和玺彩画的图案，吊饰是教师自制的布贴十二生肖，十二生肖动物也是小班幼儿十分喜爱的。

案例三

走廊墙面环境创设如图 7-32~图 7-35 所示。

图 7-32

图 7-33

图 7-34

图 7-35

分析：

以上四幅是走廊墙面环境创设图片。在办公区域展示的是办园宗旨等内容，图文并茂；墙面用多种形式展现了剪纸艺术、京剧脸谱、中国陶瓷工艺等内容，与园所整体风格一致，体现了师生共同参与。

（三）楼梯环境创设

案例四

楼梯环境创设如图 7-36~图 7-41 所示。

图 7-36

图 7-37

图 7-38　　　　　　　　图 7-39

第七章　幼儿园室内公共环境创设

图 7-40

图 7-41

分析：

首先从安全性方面来看，地面是防滑地胶，有扶手和栏杆。台阶上有阿拉伯数字，幼儿在上下楼梯时可潜移默化地感受序数（图 7-41）。楼梯的顶面、侧面、栏杆都被有效利用起来，如图 7-36 中楼梯拐角处的墙面主题是"熊猫和二十四节气"；图 7-37 和图 7-38 是在栏杆上展示幼儿的作品和幼儿活动的照片；图 7-39 是在楼梯顶面布置了一幅儿童画；图 7-40 是利用楼梯下的角落建了一个小展示台。这些环境创设既充分利用了空间，又富有童趣和教育意义，孩子们在上下楼的时候，潜移默化地受到美的教育。

二、幼儿园专用功能室环境创设案例与分析

（一）美术室环境创设

案例五

美术室环境创设如图 7-42 ~ 图 7-45 所示。

图 7-42

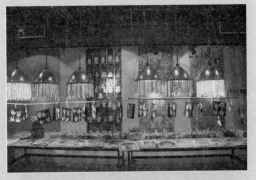

图 7-43

图 7-44

图 7-45

分析：

美术室的创设注重体现艺术氛围，给人以强烈的艺术冲击力和感染力。创设环境时，一方面，既要留给幼儿创作的空间，如墙面、画板等，又要为幼儿提供创作的材料，材料可以有序摆放在活动室周边（图7-44、图7-45）；另一方面，要充分利用空间营造艺术氛围（图7-43中的吊灯、装饰灯和图7-42中的吊饰都是用幼儿的作品布置的）。

（二）科技室环境创设

案例六

科技室环境创设如图7-46~图7-49所示。

图 7-46

图 7-47

图 7-48

图 7-49

分析:

科技室重在激发幼儿对科学现象的探索兴趣和探究精神,发展幼儿的动手操作能力,所以在进行环境创设时应以太空等背景为主色调(图7-47),多为幼儿提供能够探索操作的材料。材料主要在活动室周边的柜子和架子里面分类摆放(图7-47、图7-48),幼儿可以根据自己的需要自由取放。中间的桌子是供幼儿操作时使用的(图7-46、图7-48)。

(三)图书室环境创设

案例七

图书室环境创设如图7-50~图7-53所示。

图7-50

图7-51

图7-52

图7-53

分析:

图书室环境创设重在温馨,墙面用软包,色彩清新淡雅,周边配以有趣可爱的小沙发,书柜中摆放了各种图书供幼儿自由选择。还可以配一些电子图书,适应现代化要求。

（四）音体室环境创设

案例八

音体室环境创设如图 7-54~图 7-57 所示。

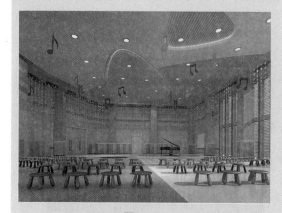

图 7-54

图 7-55

图 7-56

图 7-57

分析：

音体室一般比较大，主要有进行表演和开展音乐活动的功能。在环境创设方面，应该注意整体风格与音乐等艺术元素相结合。图 7-54 中音体室的顶面是悬挂的音符。舞台宜简单大方，一般配钢琴等乐器（图 7-55、图 7-56）。周边可以安装镜子、把杆，用布艺的窗帘营造温馨的气氛（图 7-55、图 7-57）。

幼儿园公共区域既是一个有准备的、丰富的、精心设计的、有序的环境，又是一个开放的、变化的、有多种探索发现机会的环境。在这里，我们把地面、墙面、桌面充分利用，让环境、材料、设备等蕴含的教育因素充分发挥作用，使儿童获得全面发展，在快乐的童年生活中获得有益于身心发展的经验。

第七章　幼儿园室内公共环境创设

课后练习

1. 幼儿园的科技室如何分年龄段提供科学探索材料？请举例说明。
2. 图7-58所示为幼儿图书室。请分析该图书室环境创设的优点和不足之处。

图 7-58

3. 请简要阐述如何创设幼儿园大厅环境。

参考文献

[1] 阎水金. 幼儿园环境与教育[M]. 郑州：河南教育出版社，1993.

[2] 戴文清. 学习环境的规划与运用[M]. 南京：南京师范大学出版社，1996.

[3] 茹茵佳. 幼儿园环境与创设[M]. 北京：高等教育出版社，2006.

[4] 袁爱玲. 幼儿园教育环境创设[M]. 北京：高等教育出版社，2010.

[5] 杨枫. 幼儿园教育环境创设与玩教具制作[M]. 北京：高等教育出版社，2006.

[6] 单兵斌. 浅谈幼儿园心理环境的创设[J]. 学前教育研究，1997（4）：64.

[7] 赵志英. 浅谈幼儿园班级环境创设的有效性[J]. 科学教育，2011（1）.

[8] 王劲松. 谈幼儿园心理环境创设[J]. 贵州教育月刊，2005.

[9] 李俐. 幼儿园班级环境建设[J]. 学前教育研究，2008（8）.

[10] 贺美霞. 幼儿园班级环境创设的重要性[J]. 好家长，2016（3）.

[11] 中华人民共和国教育部. 3~6岁儿童学习与发展指南[M]. 2012.

[12] 袁爱玲. 农村幼儿园环境创设问题与解决方案[M]. 北京：高等教育出版社，2015.

[13] 沈建洲. 幼儿园教育环境创设[M]. 上海：复旦大学出版社，2014.

[14] 王微丽. 幼儿园区域活动——环境创设与活动设计方法[M]. 北京：中国轻工业出版社，2014.

[15] 鄢超云. 幼儿教师专业指导丛书：低成本有质量的幼儿园环境创设[M]. 北京：教育科学出版社，2013.

[16] 李全华. 幼儿园环境创设（第2版）[M]. 杭州：浙江大学出版社，2012.

[17] 伍香平. 幼儿园环境创设——整体环境[M]. 武汉：湖北少儿出版社，2010.

[18] 汤志民. 幼儿园环境创设指导与实例[M]. 上海：华东师范大学出版社，2013.

[19] 王莉. 幼儿园活动区创设入门[M]. 西安：西北工业大学出版社，2013.

[20] 庄宏玲. 幼儿园区域活动环境创设的策略[J]. 学前教育研究，2011（5）.

[21] 高芬. 幼儿园区域活动环境创设与材料投放的优化策略[J]. 江苏教育学报，2009（5）.

[22] 郑天竺. 乡镇幼儿园区域环境创设现状分析及策略研究——以H省为例[J]. 课程教育研究，2013（10）.

[23] 董钰萍. 杜威"经验观"对幼儿园区域环境动态创设的启示[J]. 宁波教育学院学报，2015（6）.

[24] 徐英. 幼儿园区域活动环境创设路径探析[J]. 基础教育研究，2015（4）.

［25］朱若华．幼儿园活动区材料投放方式与儿童行为的研究［D］．上海：华东师范大学，2005．

［26］张俊．关于共享游戏区的创设和指导的行动研究——以促进幼儿高水平游戏为目的［D］．北京：首都师范大学，2014．

［27］张奇．儿童审美心理发展与教育［M］．北京：北京师范大学出版社，2000：146．

［28］孙学勤．发挥墙饰的教育功能［J］．学前教育研究，2001（6）：58．

［29］华爱华．幼儿园教育环境创设［M］．北京：高等教育出版社，2010．

［30］北京教育科学研究所．陈鹤琴教育研究文集（下集）［M］．北京：北京出版社，1985：147．

［31］孟红霞，丁凤红．幼儿美术基础［M］．北京：清华大学出版社，2015：135．

［32］［英］赫·斯宾塞．斯宾塞教育论著选［M］．北京：人民教育出版社，2005．

［33］［美］杜威．民主主义与教育［M］．北京：人民教育出版社，2011．

［34］徐莹晖，王文岭．陶行知论生活教育［M］．成都：四川教育出版社，2010．

［35］冯芳．幼儿园环境创设［M］．北京：北京师范大学出版社，2015．

［36］吴丽珍．幼儿园室外环境创设［M］．福州：福建教育出版社，2015．

［37］陈志超．幼儿园环境创设与利用［M］．武汉：华中师范大学出版社，2012．

［38］中华人民共和国教育部．幼儿园教育指导纲要（试行）［M］．北京：北京师范大学出版社，2001．

［39］朱家雄．幼儿园环境与幼儿行为和发展的研究［M］．北京：中国建筑工业出版社，2003．

［40］黎志涛．托儿所幼儿园建筑设计规范［M］．北京：中国建筑工业出版社，2006．

［41］张绮曼．环境艺术设计与理论［M］．北京：中国建筑工业出版社，1997．

［42］付瑶．幼儿园建筑设计［M］．北京：中国建筑工业出版社，2006．

［43］刘宝仲．托儿所幼儿园建筑设计［M］．北京：中国建筑工业出版社，1989．

［44］李泽厚．美的历程［M］．天津：天津社会科学出版社，2002．

［45］邓庆坦．现行建筑设计规范图说大全：托儿所幼儿园建筑设计图说［M］．济南：山东科学技术出版社，2006．

［46］David Lolyd Jones．Architecture and the environment–bio–climatic［M］．2005．